\ 自由すぎる /

公式SNS「中の人」が明かす

企業ファンのつくり方

日経トレンディ
日経クロストレンド

日経BP

自由すぎる

公式SNS
「中の人」が明かす
企業ファンの
つくり方

はじめに

多数のフォロワーが付く企業Ｔｗｉｔｔｅｒとその「中の人」。あなたはどのようなイメージを持っていますか？　新商品やイベントの宣伝がうまい？　ゆるい投稿をしている？　フォロワーと楽しく絡んでいる？　バズらせている？　人気の企業アカウントは、日々フォロワーや他社と絡み、一見ゆるい交流ばかりが目立つかもしれません。ですが、実はここに企業と消費者の新しい関係性が見えます。消費はモノからコト、ヒトへとシフトしています。企業でありながら消費者から1人の人として見られる「中の人」はその象徴であり、つながりの接点として重要度が増しています。

どうしたら自社（自社商品）のファンになってもらえるのか。企業の多くの人が悩んでいることでしょう。ＳＮＳの「中の人」は、消費者に毎日触れ、このことをひたすら考えている達人です。その試行錯誤から導き出されたノウハウは、ＳＮＳ運用者だけでなく、マーケターや商品企画、新規事業開発、広報、ＰＲ担当など、様々なビジネスパーソンの参考になるはずです。

　セガグループ、東急ハンズ、キングジム、井村屋、タカラトミー、タニタ……。本書は、新市場を創る人のデジタル戦略メディア「日経クロストレンド」で２０１９年６月から連載していた「『中の人』が語る　人気ＳＮＳのつくり方」を基に、登場６社の「中の人」による座談会やアンケートを実施して加筆したものです。当初、本のタイトルは「全然ゆるくない！ＳＮＳ『中の人』が真面目に語る〈伝わるＴｗｉｔｔｅｒ〉」と仮で付けていました。ゆるく見える投稿の裏側で、「中の人」がどれだけ真摯に真剣に、そして真面目にファンと向き合っているのか、伝えたいと考えたからです。このタイトルは諸所の事情でボツになりましたが（笑）。本書がＳＮＳ「中の人」だけでなく、たくさんの企業の〝中の人〟に届き、新たな発見につながることを期待しております。

日経トレンディ・日経クロストレンド編集部

Contents

序章

今こそ企業は人気SNS「中の人」に学べ

今見るべきはコミュニケーション型「中の人」「1人の力」で企業ファンはつくり出せる！

「大黒柱に車をつけよ」という言葉をご存じですか？

これはイオングループの前身、岡田屋の家訓です。家屋全体を支える大黒柱は本来、動かしてはならないものですが、それに車をつける、つまり必要に応じていつでも店を動かせるように、との意味が込められています。

事実、岡田屋は創業の地である三重県四日市の久六町から辻という繁華街に店を移し、戦後も道路の開通に合わせて諏訪新道へ、そして四日市駅前へとためらうことなくその時々の一番街に店を移しています。多くの企業が創業の地にこだわる中、「店はお客のためにあるのだからお客さんに便利な場所に自ら動く」という方針で、時代に即応してきました。

この「変化への対応力」は、ネットの世界でこそより重要なものとなっています。２０１０年くらいまで企業は検索エンジン最適化（ＳＥＯ）に躍起になっていました。もちろん今でも多くの人がＹａｈｏｏ！、Ｇｏｏｇｌｅを利用していますが、インターネット利用者のホームポジションは、Ｙａｈｏｏ！などのポータルからＳＮＳへ移行して久しいです。ｍｉｘｉの勃興・衰退に始まり、ＴｗｉｔｔｅｒやＦａｃｅｂｏｏｋの一般化、ＬＩＮＥの誕生、Ｉｎｓｔａｇｒａｍの躍進と、勢力図は目まぐるしく変わっています。お客さんである消費者がいる場に出ていくこと、その変化に対応することは避けて通れません。

その中でも、企業活用の面で大きな転機となったのは08年に上陸したＴｗｉｔｔｅｒでしょう。クローズドなｍｉｘｉに対し、Ｔｗｉｔｔｅｒはオープンであり、多くの人へと拡散していく可能性を秘めている。それも、基本的に利用は無料。ＦａｃｅｂｏｏｋやＬＩＮＥの企業活用が進む中でも、匿名性故のゆるいつながりができる特性はＴｗｉｔｔｅｒならでは。その適度な距離感に引かれて、若者もＴｗｉｔｔｅｒへ流入し続けています。

もちろん、ＳＮＳはコミュニケーションの場ですから、検索エンジンから自社サイトにアクセスしてきた人や、Ａｍａｚｏｎ、楽天市場などで買い物をしている人と比べれば、購入意欲が低いのは確かです。そこに土足で踏み込んで無料の広告スペースを得たとばかりに宣伝文句を連呼すれば、いい顔はされないでしょう。では、企業がＳＮＳを活用して売り上げ、利益を上げることは難しいのかと言えば、決して易しくはないですが可能です。

ＳＮＳマーケティング支援企業のアライドアーキテクツが19年5月～6月に実施したアンケートでは、複数種類のＳＮＳの内、Ｔｗｉｔｔｅｒで最も多く企業公式アカウントをフォローしているというユーザーが、「ＳＮＳで見たことをきっかけに企業の商品やサービスを購入したことがある」と答えた割合は76・9％に上っています。当然、企業と消費者のタッチポイントは無数にあるのでＴｗｉｔｔｅｒで宣伝すれば売れるというものではないですが、ツイートが購入意欲を促進するケースはあると言っていいでしょう。

では、企業はどうＳＮＳを運用すればいいのでしょうか。Ｔｗｉｔｔｅｒの場合、運用方法は大きく「販促型」と「コミュニケーション型」に分けられます。

まず販促型の例として、プレゼントキャンペーンがよく展開されています。フォロワー数も増えますが、景品目当てで集まったフォロワーなので、自社のコアなファンとは限りません。自社商品のファンに楽しんでもらう姿勢でツイートし続けることが、フォロワーを増やし、販促の効果も高めます。

マクドナルドとローソン、Ｔｗｉｔｔｅｒ販促の意外な効果

以前、マクドナルドが定番の季節限定商品「チキンタツタ」の発売をプレスリリースした時のこと。リリース前日にＴｗｉｔｔｅｒで「チキンタ○タがやってくる」と予告クイズを配信し、「今年もタツタの季節が来たか」と思わせたところで、タルタルソースを取り入れた「チキンタルタ」をライバルとして登場させ、驚かせました。そして両商品の発売日まで、Ｔｗｉｔｔｅｒでリツイートするとマックカードが当たる「タ○タルーレット」キャンペーンを展開。ルーレットの出目は全７種で、ついやってしまう楽しさがありました。さらに、ＪＲ山手線のタバタ（田端）駅前店で先行販売するなど、発売日に向けて盛り上がるように仕掛けていました。

またマクドナルドは、13年６月から開設していたＬＩＮＥ公式アカウントを17年の暮れに終了しています。自社のスマートフォンアプリが利用者数、機能共に高いレベ

ルで運用できていることが理由ですが、Ｔｗｉｔｔｅｒの拡散力を存分に活用できていることも後押しになったのでしょう。

一方、巧みなキャラクター設定で宣伝色の払拭に成功しているのがローソンの公式Ｔｗｉｔｔｅｒアカウント「ローソンクルー♪あきこちゃん」。フォロワーを店頭へ誘導する有能なアルバイト店員として、10年の登場以来活躍中です。あきこちゃんというキャラクターの立ち位置がＳＮＳ文脈によくマッチしています。ツイートをいくつか見てみると……。

「今日は「サラダ記念日」。まぜて食べるまぜまぜサラダに「黄色」と「白」が登場です♪今日の朝ご飯はサラダにしようと思います(^^)」

「7／14まで！人気の「鶏から」が1個増量です♪「しょうゆ」「旨塩」。。。どれにしようか悩んじゃいます(^^)」

「人気の「パリパリ麺と食べる！パリパリサラダ」が期間限定で具が増量です♪蒸し鶏や玉子など、色々な具が入っていてうれしいです(^^)」

「ウチカフェ　フルーツバーに「ばん桃」と「巨峰＆ピオーネ」が新登場です♪冷

たいアイスでさっぱりしたいと思います(^^)」

「新発売の「豆乳バナナスムージー」です♪リンゴも入っていて飲みやすいです(^^)」

あきこちゃんは「上京してローソンでアルバイト勤務している大学2年生」という設定。ローソンクルーではあるけれど、企業の代弁者ではなく、極めて消費者側に近いポジションで、新商品を試してみておいしかったものを友人に伝えるような感覚で紹介、お薦めしています。

あきこちゃん開設当初からの責任者で〝名付け親〟でもある同社マーケティング戦略本部 部長（デジタル担当）の白井明子氏は、「あきこちゃんは企業と顧客の中間の位置付けで、友達感覚で情報を知らせてくれる存在。『〇〇製法を用いて～』『芳醇な香りと濃厚な～』など、アルバイトでも大学生の女の子がまず言わなそうな宣伝フレーズは使わないようにしています」と説明します。これがＳＮＳにおいては、友人の「食べてみた」といった投稿が並ぶタイムライン上で、企業公式の信頼感を担保しつつ友人の一人の投稿のような感覚で、すんなり入ってくる効果をもたらしています。

学生アルバイトというあきこちゃんの設定は、ローソン本部とFC店との間を取り持つ役目も担っています。指揮する本社側ではなく、FC店が採用しているアルバイト学生という立ち位置から、FC側が好意的で、クルー募集の店頭ポスターにも登場しています。

「中の人」から学べることはTwitter運用だけじゃない

マクドナルドのようなコストと時間がかかる大々的なキャンペーンをどんな企業もまねできるわけがない！　ローソンのような愛されるキャラクターを作ることも簡単ではない！　そう思う方も多いでしょう。確かにそれは事実です。

そんな中、たった1人からでも、Twitterを使って消費者とつながる方法があります。それが、もう1つの「コミュニケーション型」のTwitter運用です。これが第1章から始まる6社の取り組みになります。

人気SNSを見てみると、告知やPRよりも雑談やちょっとしたおしゃべりが多いことがわかります。ですが、ただやみくもにコミュニケーションをしているわけではありません。詳細は次章でお話しますが、東急ハンズの「中の人」が、毎日かかさずに「おはようございます！」と朝の挨拶をすることにも、実は大きな意味があります。また、フォロワーや消費者に対して、「企業よりも近い」絶妙な距離感を保っていることも共通点です。これらはすべて、「中の人」が日々ＳＮＳを介して消費者と向き合い、トライアンドエラーでたどり着いた作法です。ここに、企業はどう消費者とつながるべきか、ファンに愛されるために企業は何をすべきか、その答えがあります。この「中の人」の秘伝のタレとも言えるコミュニケーションノウハウ。ＳＮＳ運用担当者だけではなく、あらゆるビジネスに関連する人の参考になるはずです。

さらに、「中の人」の活躍は、「個」の時代の到来も象徴しています。今回取り上げた6人の「中の人」は、もちろん企業人としての意識を持ちながらも、個人の人格を無理に消さず、消費者とコミュニケーションを取っています。この「個」の力がファンを熱狂させ、そして企業を動かす原動力になっているのです。自分の力で企業を変えたい、社会を変えたい、そう思っている人にも参考にできるところがある。そう思います。

それではまず、「中の人」の日々の努力と、そこから導き出されたファンとつながる極意を覗いてみましょう。

第1章

「中の人」が語る 人気SNSのつくり方

1

セガグループ
@SEGA_OFFICIAL
「中の人」

家庭用ゲームに加え、業務用ゲーム機器の製造、
ゲームセンター運営、さらにはアニメ作品や玩具まで、
幅広い事業を展開するセガグループ。その「中の人」は、
グループ公式アカウントを運営し、さらに350以上もの
自社アカウントの統括・利用促進まで手掛ける。
「中の人」の個性を出しながらも、
「セガの公式アカは企業ブランドと同じ色であるべき」と、
企業アカウントの立場でセガらしさを体言し続けている。
ファンの心をつかむコミュニケーション術に迫る。

代表取締役秘書を経て、Facebook、Twitter(@SEGA_OFFICIAL)ほかSNSセガ公式アカウントを2012年より担当。Twitterフォロワー数は40万人を超える。企業広報に従事する傍ら、350以上のセガ関連公式アカウントと連携し、SNSを活用したレピュテーションの向上や顧客との関係強化を目指し、硬軟織り交ぜた情報発信や顧客コミュニケーションを積極的に行う。Twitter発のコラボレーション企画立案やヒット商品のSNSマーケティングに携わり、漫画・書籍ほかメディアでの露出も多数

350超のSNS公式アカウントを持つセガ
まず、新人「中の人」に伝えること

セガは、グループを束ねる「セガ」アカウントに加え、「ぷよぷよ」や「龍が如く ONLINE」といったゲームタイトルから各地のゲームセンターまで個別にTwitterを展開。当然、新人や経験の浅い投稿者も少なくない。セガグループの第1話は、どのように「中の人」を育成し、管理をしているのか、運用の秘密に迫る。

「中の人」的運用の秘訣 1

- 新任のSNS担当者にeラーニング研修を実施
- 週1ペースで、SNS担当者は編集会議を開く
- リツイート・いいね数を予想し、実績との差を運用に反映する

Q ＳＮＳ活用に積極的なセガ。多様なアカウントを管理する仕組みは。

現在、セガグループに関連したアカウントは３５０以上もあります。「ぷよぷよ」「ソニック」「サクラ大戦」「ファンタシースターオンライン２」など人気のゲームタイトルごとにアカウントを開設。家庭用ゲーム機向けをはじめ、スマホゲームやゲームセンター向けの音楽ゲーム、さらには全国約２００店舗のセガのお店も独自にアカウントを持っています。他にも、玩具、物販アイテムの情報アカウント、グループ企業が社として開設しているアカウントがあります。

私は、セガ公式Ｔｗｉｔｔｅｒの「中の人」であるとともに、グループ全体のＳＮＳアカウントをサポートする立場でもあります。ちなみにＳＮＳ専任ではなく、取材対応や社内報制作など広報の業務をしながらの兼任です（笑）。

新規にアカウントを開設する際にはサポートをしっかりします。業務用アカウントでは、ＳＮＳ開設の申請フォーマットを用意しているので、それに利用ＳＮＳ、アカウント名、利用目的、メイン投稿者、管理責任者などを記入。そのうえで新任の投稿者、管理責任者には、ＳＮＳ運用のためのｅラーニングを受講してもらっています。

セガグループが運用するアカウントは350を超える

Q 新任「中の人」を鍛える eラーニングの中身とは？

すごく基本的なことから始めていますよ。例えば「セガのお店に有名人がプライベートで来店しました。そこで『なんと、あの○○さんがご来店！』とツイートしました。これは○？×？」とか、「ゲームショウで撮った写真をSNSで公開しようとしたが、見知らぬ人の顔が写っていたため、顔が分からないようにボカシ加工をしたうえで投稿した。これは○？×？」といった内容です。これは個人アカウント利用者も受講できるようになっています。

2019年に入って飲食店を中心に何年

かぶりにいわゆるバイトテロがニュースになりましたが、当社も同様のことが起きないよう、個人アカウント利用者にも注意喚起が必要です。5〜6年前のバイトテロは、撮った写真が動かぬ証拠となって炎上の引き金になりましたが、今は写真から動画になって、よりリアル感が増しています。

また業務用アカウントでは、他者への中傷などはもちろんのこと、時流によって炎上しやすい内容も刻々と変わってきていますので、そんな直近の動向、傾向も盛り込んで、運用に取り掛かる前に学びます。

あと、ゲーム業界はコンテンツビジネスですから、キャラクターの権利に抵触しかねない投稿は〝ご法度〟。eラーニングの題材は、こうしたトラブルを未然に防ぐための内容が多いですね。

Q まず、先輩「中の人」としてアドバイスしていることは。

基本的に、350超のアカウントのフォロワー数やリツイート、いいね数、コメント数などの数字は、各部署やグループ企業などの単位で、管轄するアカウントについて把握するようにしています。**私から「ぜひ実施してください」と各コンテンツのＳＮＳ担当者にお願いしているのが、編集会議です。1人で担当している場合は「ひとり編集会議」ですね。**

どの日に何の投稿をするか。発売日やイベント開催日などは決まっていますから、そこに向けた告知など、投稿する内容をスケジュール表に入力して管理します。その日程を見ながら、必要な画像などの素材を用意したり、許可を取ったりして、直前になって慌てないように準備をする。そしてテキストも、より分かりやすく魅力的に伝わる表現を考える、という具合です。

各担当者には編集会議内で、「この投稿内容ならリツイートやいいね数はこのくらいだろう」という目安を立てて、実際に得られた反響との差異を確認することを勧めています。これは振り返り、反省の材料として有効です。

思ったより反応がなかったら、もっと見せ方、伝え方に工夫の余地があったかもしれないと考えるきっかけになりますし、予想より反響があれば、そのテーマやジャンルの投稿はもう少し増やしてみるなど、投稿内容の編成を考えるうえで参考になります。**ただ漫然と予定投稿をこなすのではなく、こうしたＰＤＣＡを回すことで、運用**

のクオリティーを上げるように努めています。

社内では定期的にＳＮＳ担当者向けの勉強会を開いています。投稿内容について「こうすればもっと分かりやすかったかも」と〝添削〟したり、各担当者の知見を共有したりする場になっています。

情報発信とおしゃべりのバランスに注意
フォロワーに届けるための文章術とは

セガグループの第2話は、同社がSNS担当者向けに行っているeラーニングと、定期的に開催している社内勉強会で実際に取り上げているテーマについて深掘りする。肖像権への配慮や災害時の運用方針など、SNS担当者が気を付けるべきことは何か、炎上を起こさないための対策、そして心構えを聞いた。

「中の人」的運用の秘訣 2

- 肖像権や著作権など、権利関係に気を付ける
- 何が必要とされているのか、アカウントによって異なるので見極める
- 小学生でも分かるように、言葉は平易にし、表現を磨く

Q SNSは炎上と隣り合わせ。投稿で注意すべきことは。

『ゲームショウで撮った写真をSNSで公開しようとしたが、見知らぬ人の顔が写っていたため、顔が分からないように加工をしたうえで投稿した。○?・×?』。これは、実際にeラーニングで出題しているものです。結論を言うと「○」ですが、**投稿の際にまず考えなければならないのが、人の顔については肖像権への配慮です。なのでボカシを入れることもあります。ですが、「加工すればOK」ではなく、やはり手を加えた印象を与えるのでなるべく避けるようにしています。**また写ってはいけないものが写り込んでいないか、写真や特に動画は念を入れて確認するようにしています。

基本的には、「1.個別に掲載許可を取る、もしくは顔が写らないように撮る」「2.イベント時の記念集団写真を撮る場合などは掲載について事前説明をして、顔出しOKの人のみ撮るか、顔が写りたくない人にはイベントうちわやタオルで顔を隠してもらうように案内する」という方針で対応しています。

特にゲーム業界は、東京ゲームショウやニコニコ超会議などの会場を見ているとマスク姿の来場者が多く、顔が写るのを好まない傾向があるので気を付けています。私も嫌なので気持ちは分かります（笑）。

　あと、お子さまの場合は、ゲーム大会の優勝写真などは別として、掲載ＯＫが出ていても真正面は避けます。将来的に嫌になるかもしれないので。逆にタレントさんや公式のコスプレイヤーさんなどは、一番お気に入りの写真を選んでもらうこともあります。お互いに気持ち良く仕事を進めるためですが、気に入った写真のほうがご本人にリツイートしてもらいやすい面もあります。**「炎上するかしないか」「炎上さえしなければいい」という考え方ではなく、より適切な対応をすることが大切です。**

Q 災害時のツイートも悩みどころ。何を意識すべきか。

　災害といっても状況がそれぞれ異なりますし、一括りにするのは難しいです。例えば18年に北海道で大きな地震が発生したときは、ツイートを控えることにしました。これは「災害時にツイートすると炎上するからやめたほうがいい」という考えからではありません。停電している中で情報を求めてアクセスしている被災地の人を思えば、「大事な情報を見つけやすくするように情報収集の邪魔になるような投稿は控えよう」、つまり「ノイズを減らしたい」という考えにたどり着いたんですね。

もちろん、災害時に企業アカウントは投稿を一律やめたほうがいいという話ではありません。停電から復旧後の漏電に注意を促す家電メーカーのツイートや、車中泊せざるを得ない場合の注意点をまとめた自動車メーカーのツイートなど、有意義な情報を発信している企業はたくさんあります。それらの投稿が求めている人に届きやすくするためにも黙する。「星を見つけやすくするために自分が消灯する」という選択がお客様のためにいいのでは、と判断しました。これはあくまで一例で、ケース・バイ・ケース。臨機応変に深く考えることが必要です。**企業のSNS担当者として、ちょっと社会が良くなる方向で貢献するマインドを持っていたいですね。**

Q フォロワーとのコミュニケーションで重視すべきこととは。

定期的に行っている社内勉強会では、まずSNS運用の目的を明確にしようというのが大テーマです。**基本的なことですが、SNSを使うこと自体が目的になってしまうと本末転倒です。**担当アカウントの関心層はどんな人で、どんな情報を

セガのお店は全店共通のLINEアカウントを開設

欲して価値を見いだしているのか？　Instagramがはやっているから、扱っている製品・サービスと親和性が低くてもInstagramを運用するべきなのか？　ブログのほうがより目的に即しているのでは？　など、一緒に考えています。

　ゲームユーザーはTwitter利用者が多いことから、セガグループでは、ほとんどのゲームタイトルのアカウントがTwitterを利用しています。また、全国のセガのお店（ゲームセンター）は、店舗ごとのTwitterの他に、全店共通のLINEアカウントを開設して、クーポンを配信。クーポンを配信するだけではつまらないので、Twitterのセガ公式アカウントと連動して謎解きなどのお楽しみ企画も行っており、好評です。

公式アカウントが３５０以上あり、扱うテーマはそれぞれ。ゲームのアカウントとひと口に言っても、リリース間もない認知度の低いタイトルと、シリーズ化している人気タイトルとでは、運用の目的もアプローチも異なりますが、自由に工夫したり、グループ内に３５０以上もアカウントがある強みで、相互協力したりする施策も行っています。セガの設立記念日やセガファンのためのイベント「セガフェス」ではとても盛り上がりますよ。

私が担当するセガ公式アカウントでは、ツイートのバランスもその時々で変えています。**企業アカウントは、「企業としての情報発信」と「日々のおしゃべり」の両方を発信している場合が多いですが、セガの場合は情報発信が8割ほど**。純粋にセガ好きな方や、ゲームに関する情報収集を主目的にフォローしてくださっている方が増えてきたので、セガと関連性の薄い情報の連投は年に数回と限定しています。情報はストレートに配信する一方で、人を楽しませるのが大好きなので、コミュニケーション目的の投稿も1日1回は必ず行っています。

最も注意しているのが「言葉は平易に、分かりやすく」。特にセガ公式アカウントは、

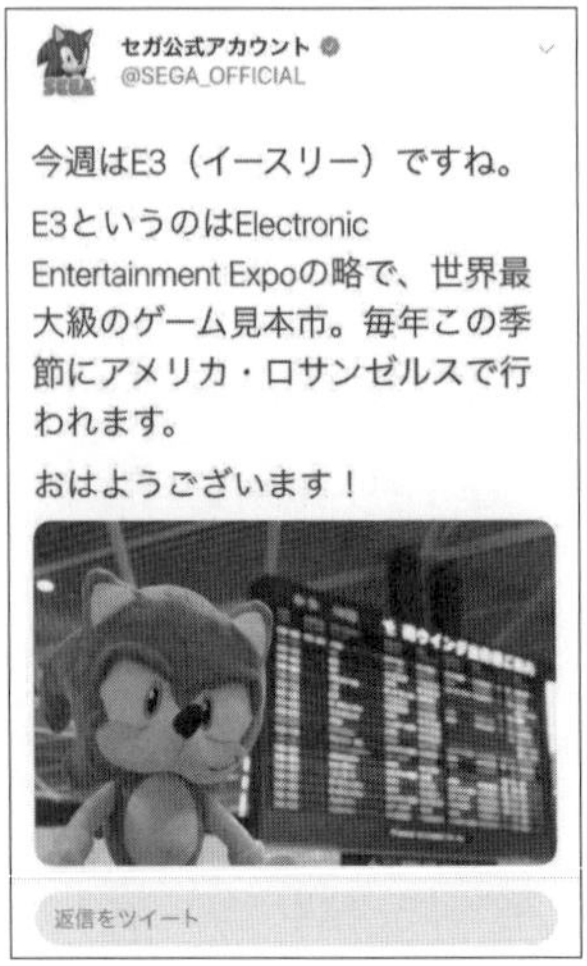

「E3」について分かりやすく説明

社内の各ゲーム公式アカウントと明確に役割が違い、ゲーム好きの中ではライト層のフォロワーが多いです。「ゲーマーの間では常識なのかな？　聞くの恥ずかしいな」と思わせず、「ウェルカム！」と両手を広げたい思いがあります。「にわか」というネットスラングへのアンチテーゼといいますか、コアファンが集う場だからこそ、まず企業公式アカウントから率先してセガに興味を持ってもらう行動をし、にわかファンから徐々に愛が深いコアファンになってもらいたいので、入口で案内人の役目を果たす人が必要だと思っているんです。

　なるべく専門用語だらけにならないように、例えば「Ｅ３」の場合、「イースリー」

と読み仮名を振って、「Ｅ３というのはElectronic Entertainment Expoの略で、ロサンゼルスで開かれるゲームの見本市ですよ」といった説明を必ず入れるようにしています。分かる人だけが分かってニヤリとするようなネタは、狙って使い分けをしていますが、その場合も表現は分かりやすく。「なんでこんなに盛り上がっているのだろう？」「なんだか面白そうだな」と興味関心を引く余地を残したほうが、内輪受けにならず、周りも楽しく参加できますよね。

Ｔｗｉｔｔｅｒは文字数に制限があるため、引き算の美学があります。伝えたいことを簡潔に説明できるように、小学生新聞をよく読んでいます。小学生新聞は、ちょっと難解な政治・経済テーマから、ノーベル賞受賞者の発表時はその受賞内容まで分かりやすく解説していますよね。小学生の興味関心を引く工夫もされている。旬のテーマを扱っていて、考えるコーナーもあり、小学生読者の投稿コーナーや体験レポート記事もあり……。時々編集長が本音をほろっとこぼしたりするのも好きです。**セガ公式アカウントも読者と向き合って一緒につくり上げる壁新聞のようにしたいのです。**

「セガらしさ」とは、期待を超えること
ファンの熱狂を呼ぶ投稿ノウハウを全公開！

セガグループの第3話は、フォロワーを熱狂させるツイートの妙技に迫る。Twitter上で様々な企業や個人が集い、盛り上がる“祭り”にどう付き合えばいいのか。そんな中、個性、つまりセガらしさをどう出していくのか。つぶやき、写真をより魅力的に分かりやすく伝えるテクニックについても聞いた。

「中の人」的運用の秘訣 3

- ネット上の“祭り”には、個性を出しオリジナリティのある投稿で参戦
- 新店舗オープン日などのお知らせは、現地の臨場感を添える
- ハッシュタグはタグ検索を見越して厳選する

Q Twitterでお約束ともいえる〝祭り〟。企業はどう付き合うか。

ネットで楽しそうなことが起きたときは、たまに参加しています。ジブリ作品『天空の城ラピュタ』の滅びの呪文「バルス！」を、放送を見ながらみんなで一斉ツイートする「バルス祭り」がTwitterでは有名です。多くの企業アカウントも参戦していますが、実は、セガは以前から「バルス！」ツイートはしていないんですよ。「バルス！」とはツイートしていないだけで、番組には参加しました。オンタイムで見るために大慌てで、40秒で支度して帰りまして。

それが次ページのツイートです（セガッッッ、セガァァァァ～）。

実は、ただのダジャレです。パズーとシータが「バルス！」と唱えた際に、飛行石からまぶしい光が放たれ、瞬間的に目を覆ったムスカ大佐が、「目が、目がぁ～」と叫ぶ場面があります。ネット上では、見てはいけないものを見てしまったときや、目がかゆいときなどに使われるなど、印象深いセリフとして知られています。その名場面のタイミングに〝秒〟単位で合わせました。

「目が」と「セガ」の語感が似ているという、ただそれだけなのですが、**その時その**

19年8月30日のこの投稿が1万1000件超リツイートされ、いいねも2万5000件を超えた

空気を、たくさんの人と共有しているからこそ意味があります。実は劇中のセリフである「40秒で支度」というのも前フリになっていて、青い飛行石の光と似た色のセガロゴを選んだのも、隠れたこだわりポイント。細かすぎるネタや遊びをつい入れてしまうのは社風の影響もあると思います（笑）。「めちゃ笑った」「大好き」と好評でした。さらに、「メガァ、メガドライブ〜」もツイートしちゃいました。家庭用ゲーム機「メガドライブ」シリーズの復刻版「メガドライブミニ」が、ちょうど発売間近だったからです（左ページ上）。

バルス祭りに限らず、企業アカウントは、他社研究の結果、似通った投稿になりがち

19年9月19日発売の「メガドラタワー ミニ」に絡めたツイート

ですが、他社と全く同じ投稿をしてもつまらないし、もったいない。企業アカウントだからこそ、「遊び」の部分で個性を出すことは、大事にしています。

Q ファンに伝わるツイートと、伝わらないツイートの違いは。

反響が予想ほどではなかった場合、どういう表現や見せ方をすればよかったのか、各自考えることが重要です。ただ、自分のアイデアも限りがあるので、勉強会の場で意見を求めたり、依頼があれば私が〝添削〟したりすることもあります。

例えばこちら（次ページ上）。19年7月5

秋葉原5号館オープン日にセガ エンタテインメントがツイート

日に秋葉原で5店舗目（5号館）がオープンした日に、ゲームセンター運営のセガ エンタテインメントのアカウントがツイートしたものです。

必要な情報は網羅されていますが、チラシのような画像なので、「オープンしたての臨場感やリアルタイム感を出したほうがいいよ。例えば、現地にいる社員に今の店舗外観写真を撮って送ってもらったらどう?」とアドバイスしました。ちなみにセガ公式アカウントからは、こんな感じで投稿しました（左ページ上）。

弊社では、運営の認可が下りてオープンする日までは新店舗を知らせる投稿はしないルールがあります。が、看板などで秋葉

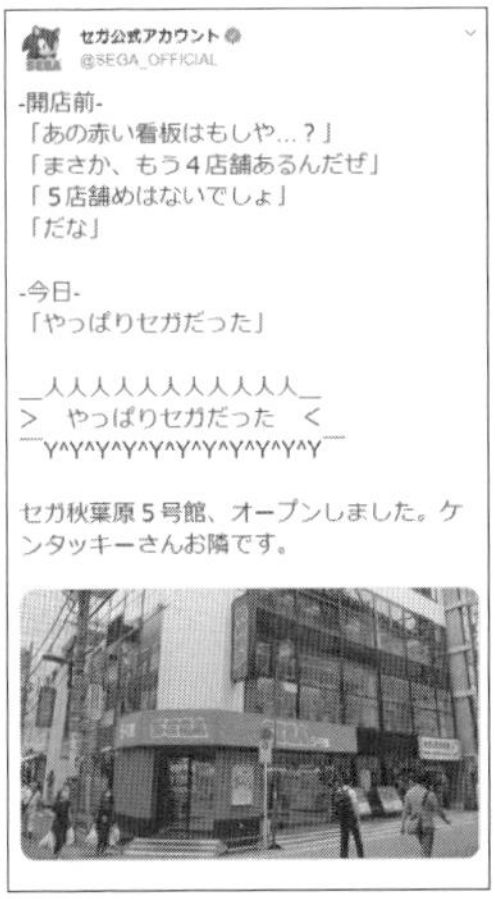

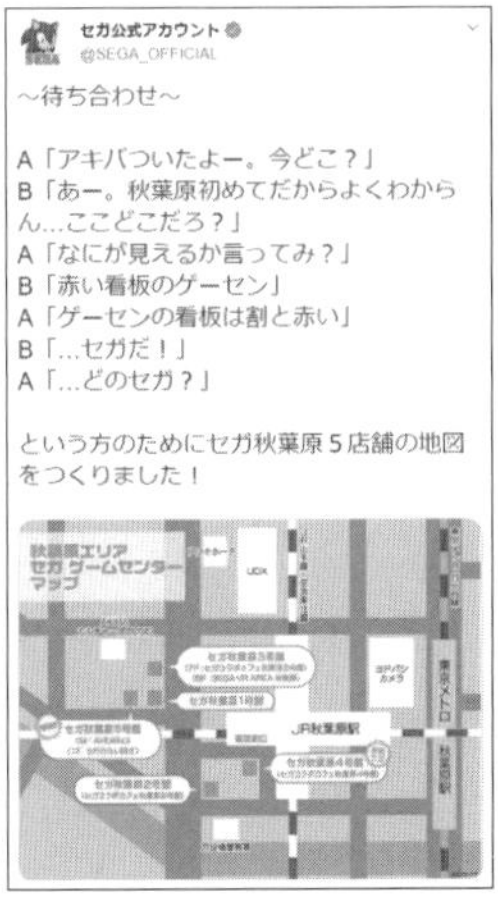

セガ公式がツイートした秋葉原5号館のオープン

原にセガの5店舗目ができることは一部で噂になっていた、というか、気付かれていたんです。だから「5号館オープンです」と普通に投稿しても、「やっぱり」「知ってた」という反応になってしまうことは予想できました。そこで、**「さすがに5店舗目はないよね」→「やっぱりセガだった」というリアルでありそうなコント風にしました。**

もう1つは、観光客が秋葉原の待ち合わせに迷う〝あるあるネタ〟に、秋葉原セガマップを作成して載せるという〝お役立ち感〟を足しました。お客様からは、「分かる」と共感いただけたり、「おかげで迷わず行けました」と感謝されたりしましたね。

Q ファンの共感を呼ぶ、熱狂を生むために意識していることは。

次の文面は、セガトイズから発売している人気の知育玩具「ことばずかん」シリーズの紹介文です。ムービー付きを想定しています。

> あなたは人生で初めて口にした「ことば」を覚えていますか？
> **#人生初 #ことば #母 #感謝 #忘れてた #泣ける動画**

この文面でちょっと気になったのは、「自分が人生で初めて口にしたことばは、本当に記憶しているのかな？」ということです。親から聞いたという人はいるかもしれないけれど、自分が実感として覚えているわけではないので共感度が低いのではと思いました。ハッシュタグは吟味したほうがいいですね。「#ことば」というハッシュタグで〝タグる〟、つまりハッシュタグ検索をする人は少ないように思います。一方、**「#泣ける動画」は他アカウントからの流入が期待できるタグですが、自分でアピールするものではないですし、視聴者のハードル（期待値）を上げてしまいます。**正解はない

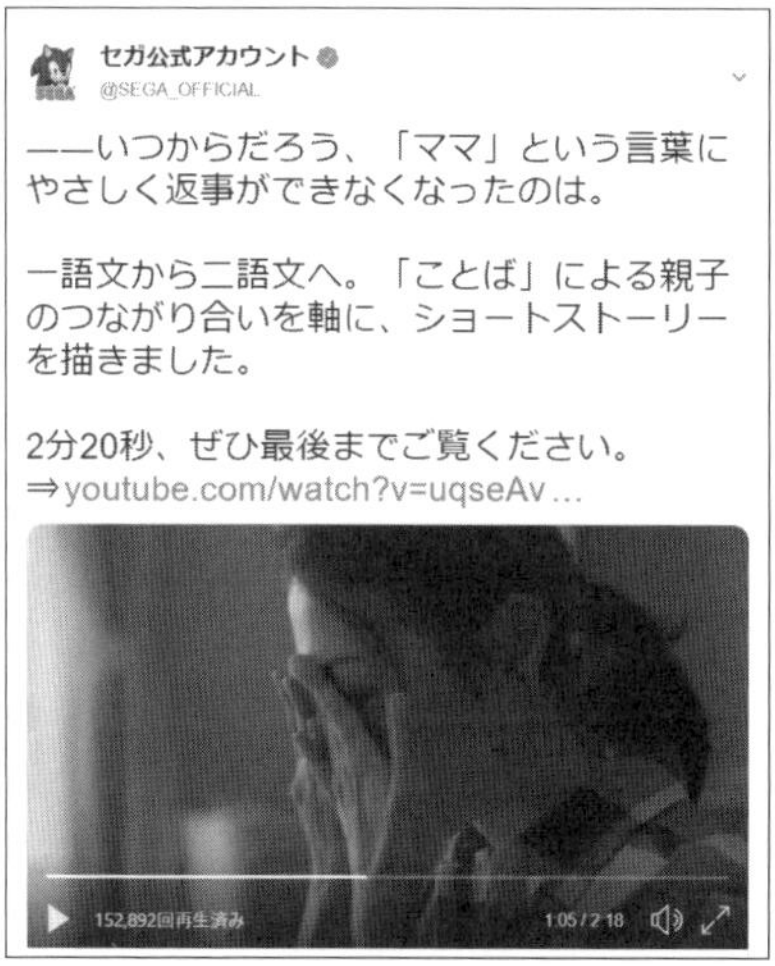

知育玩具「アンパンマン おしゃべりいっぱい！ことばずかんSuper DX」の投稿の例

ので、私ならこんなテキストを考えてみたけれどどうかなあ、と意見を求めます（上）。

最後にもう一つ、こちらは架空の例文です。宣伝フレーズをツイートする際の社内で注意している事項についてご紹介します。パティシエ感覚でスイーツみたいなバスボムが作れる商品を紹介する場合。

かわいいケーキみたいなバスボムがつくれちゃう「しゅわボム」が発売になりました。女の子はぜひ作ってみてください！
#しゅわボム

セガ公式アカウント
@SEGA_OFFICIAL

#クリスマスにおすすめのおもちゃ
【小学生むけ】

なにかをつくること、創作が好きなお子様にはメイキングトイ。作品をプレゼントしたら喜ばれますね🎁

しゅわボム 癒しのスイーツいっぱいDX
ぷにジェル ビーズアーティスト
ジュエルキラシール シールいっぱいDXセット

メイキングトイシリーズの投稿の例

セガ公式やセガトイズ公式アカウントでは、このような表現をしないよう気をつけているので、上のように必ず修正しています。修正点は「女の子はぜひ～」のところ。私自身、少年漫画を読んで育ったこともあり、違和感を覚える表現の一つなので、こちらから玩具の対象の性別を限定するツイートは控えるようにしています。**SNSでは、「こういう嗜好の方にお薦め」という具体的な趣味嗜好や人物像を想定してから、その人に呼びかけるつもりで投稿したほうがより伝わりやすいと思います。企業公式アカウントが、予想を超えたことをして面白がってもらうには、踏み越えてはいけないラインをまず把握しておくことが大切です。**

「企業」と「個」の絶妙なバランスが鍵 ファンの愛着を醸成する秘策とは

セガグループの第4話は、企業公式アカウントが果たす役割や、その変化について聞く。セガ公式Twitterには、会長や社長が登場することもあれば、「中の人」の個人的なつぶやきもある。「企業」と「個人」をどのように使い分け、どのようにバランスを取っているのか——。企業アカウントの永遠の課題に切り込む。

「中の人」的運用の秘訣 4

- 社内を協力者にし、企業と目線を合わせてフォロワーに喜ばれる投稿を
- 経営層が登場して素の表情を見せることで、親近感を醸成
- 「中の人」の個性は大事。人となりがうかがえる投稿で関係を構築

Q 企業アカウントの役割は、どのように変わってきているのか。

企業アカウントは今、第3世代に入ってきているかなと個人的に思っています。

第1世代は、10年ほど前のＴｗｉｔｔｅｒ黎明（れいめい）期です。09年くらいから企業アカウントが開設されて、企業アカウントは定型文発信やお堅いプレスリリースの発信をするものと思われていました。

その時期に現れ、確立されたのが、〝軟式〟という日本独特のスタイル。商品名に引っ掛けたダジャレを、企業ブランドを冠したアカウントが言っちゃうんだ！という新鮮な驚きがあって、それだけでドッカン！とニュースになる勢いがありました。もっとも、Ｔｗｉｔｔｅｒ人口はまださほど多くはなかったので、知る人ぞ知る世界でもありました。

11年の東日本大震災をきっかけにＴｗｉｔｔｅｒ人口が増え、それに触発されて続々と企業アカウントが開設されたのが第2世代。上層部や周囲のＳＮＳに対する理解がまだ進んでいない環境下で、企業の堅いイメージを押し付けるのではなく、イチ社員としてお客様と対話し、ネット文脈を理解した形の発信や、他社を巻き込んだＴｗｉ tter企画など、斬新なチャレンジをする企業アカウントが現れました。「中の人」が炎上対策や効果測定、そして「出る杭は打たれる」という社内外の圧力に耐えながら孤軍奮闘した時代です。

「センスの良い投稿」や「中で働く人の顔がうかがえるアカウント」が注目され、それを意識したアカウントも次々と登場しました。が、意識するあまり、**個人が暴走してパブリックではない投稿になってしまったり、目立つことが最優先でプチ炎上するケースも一部あったりして、企業ブランドとアカウントの乖離（かいり）が見られた時期でもありました。**今は、その乖離が修正されてきた段階かなと思います。それが第3世代です。

Q 私的投稿が脚光を浴びた第2世代に対し、第3世代の強みは。

SNS担当者という仕事は10年以上前にはなかった職種ですが、7～10年という長期で、誠意を持ってお客様と交流しコツコツと土壌を耕してきた第1世代・第2世代の企業アカウントが、ここにきてやっと評価されるようになったことが大きいと思います。会社の上層部も含めてＳＮＳを使いこなすようになり、顧客の声を傾聴しやすくなりました。担当者も若手のデジタルネイティブ世代が現れ、企業アカウントがちょっと面白いことをツイートするのも当たり前になった今、何を目的に、どう長期的に運営していくのか。**社内を協力者にし、密に連携して巻き込んで、企業ブランドと公式アカウントが〝目線〟を合わせて発信していく。顧客視点を得て、「中の人」に社内外でのコミュニケーション能力を求める企業が増えてきたように思います。**

例えばタニタさん、キングジムさん、井村屋さんもですが、社長が企業アカウントにたびたび登場します。セガもトップが時々登場します。企業広報的なオフィシャル感あふれる社長インタビューとは違って、もっと素に近い表情が垣間見えるもので、フォロワーにも興味や親近感を持っていただけています。**これは上層部にまずＳＮＳへの理解があって、ＳＮＳ担当者とも信頼関係の下で意思疎通ができていないと成立しないと思うんですね。**

結局ＳＮＳで長期的にコミュニケーションを重ねていくと、**ウソやごまかしはきかず、リアルなものが受け入れられます。**社長がＳＮＳへ登場すると楽しそうな表情や社風が伝わりやすく、また「新しいツールに柔軟である」「時代の変化にいち早く対応

経営トップがモデルとして
公式Twitterに登場

できる」といった企業カラーが透けて見えます。経営層もSNS活用の理解が進み、自ら登場することがより効果的だと感じて、発信に積極的になっていると思います。

自身のアカウントで発信するトップは増えていくと思いますし、もちろん知名度も影響力もあるので、ツイート効果は大きいです。ただ、社長は経営のプロであってSNSのプロではない方もいるので、ツイートで疲弊してしまい、本来やるべき重要な業務に支障を来すことになりかねません。

経営層や開発者には、要所要所で生の声を発信してもらっています。トップやクリエーターに代わって、時にユーモアのある一言を添えて広報的な発信をし、社内につなぎながらフォロワーと会話するのは、カスタマーサポートにも近いかもしれません。広報、宣伝、企画、カスタマーサポートなど……企業公式アカウントの「中の人」は1人何役もこなすのです。

　没個性の時代から個の時代へと向かい、個が輝くことで脚光を浴びるようになった結果、さらに個の力をチーム力や組織力で生かしていく気運が高まっています。企業アカウントとしても、**一部のフォロワーとだけ話す人も違うし、社内の顔色だけをうかがう人も違う。多くのフォロワーと交流し、社内のチーム力も生かす、コミュニケーション能力が高い「中の人」が増えてきたと思います。**

Q どこまで「個」を出していいのか、バランスはどのように取る？

自分のことを話すのは本当はちょっと苦手。でも、ＳＮＳの基本は1対1の相互コミュニケーションですから、やっぱり個は大事です。フォロワーは「中の人」の人となりが分からないと、イマイチ親しみを持てないですし、「相手が何を考えているのか知りたい」「どんな人なのか知って安心したい」というコミュニケーション

「中の人」の人となりが伝わる投稿で
フォロワーとの関係性が深まる

欲があります。だから職場での一コマや同僚との交流をツイートすることもありますね。

先日はちょっとしんどいことが重なったので、「有給を取って京都へ行きました」といった話もあえて入れました（上）。「**実は担当して7年間、マイナスなことはツイートしたことがなかったので、投稿するか迷いました。でも1度くらい落ち込んだり、リフレッシュしたり、という人間らしいことをつぶやいてもいいかと。**結果、予想を上回る共感する言葉や「いいね」を9000ほどいただき、驚きました。フォロワーの温かい言葉で救われることは、よくあります。

第2世代で「中の人」が、「あんな投稿に

意味があるのか」「遊んでいるのではないか」と言われながらも、孤軍奮闘して、信頼を重ねてアカウントの価値を高めてきたからこそ、企業アカウントを運用する意味や重要性が上層部にも理解されるようになったのだと思います。**今も企業によっては、「誰でもできそう」「あんなふうにバズらせてみて」など誤解やむちゃ振りは残っているようですが、そこを乗り越え、企業とアカウント担当者が目線を合わせて、本腰を入れた運用に移行していく。今その過渡期にあると見ています。**

公式ミニオフ会が「32人限定」の理由
熱狂的ファンを生む〝オフライン〟交流術

セガグループの第5話は、公式アカウントとフォロワーの関係性について突き詰める。一方的な情報発信だけでなく、投稿に反応を返すだけでもなく、フォロワー同士の会話を誘発することで熱いコミュニティーをつくり出すのがセガ流だ。企業の濃いファンになってもらうコミュニケーション術の神髄に迫る。

「中の人」的運用の秘訣 5

- ツイートで考えるべきは、「この投稿をフォロワーがどう感じるか?」
- フォロワー同士をつないでコミュニティーをつくることが重要
- ファンミーティングは少人数に限定し、“手づくり”の体験参加型に

Q セガ公式が考える、ユーザーファースト、フォロワーファーストとは。

当社はグループミッションとして「感動体験を創造し続ける」を掲げています。製品・サービスを受け取った人が感動体験をする、笑顔になる。そこに我々の価値、存在意義があるという考えがベースにあります。新しい製品やサービスを生み出すことを事業としていますが、それら製品やサービスによって提供される体験価値を大切にしています。これは社内の研修やイベントでも繰り返し刷り込まれます。なので、**公式ＳＮＳの投稿も、「このツイートをフォロワーがどう受け止めて感じてくれるか」をやはり意識しますね。**

例えば成人の日。この日の企業アカウントはだいたい「当社のこの商品が発売20周年です」と投稿する機会になっていますが、セガでは成人の日を迎える20歳の皆さんが子供の頃に夢中で遊んだものは何だろうと考えて、「オシャレ魔女 ラブ and ベリー」のキャラクターに晴れ着を着せた画像を載せて、お祝いのメッセージを投稿しました。

17年の成人の日から投稿して3年目になりますが、19年1月はリツイートが2万2

成人の日に、「オシャレ魔女 ラブ and ベリー」が新成人をお祝い

000件超、いいね数は5万2000件超。幼少時の憧れのお姉さんからのメッセージに、「これだからセガは大好きなんだよ」「粋だね」「なつかしい」「これでコーデに目覚めました」「今もカードを持っています」と多くの反響がありました。「甲虫王者ムシキング」と共に、ダウンロードして組み立てられるペーパークラフトも用意しました。

Q 「1対多」の一方的な発信か、「1対1」のコミュニケーションか、どちらが重要か。

公式から返事が来たらうれしいですし、特別な体験になるのは確かなので、1対1の関係は大切にしています。**ただ1対1だけじゃなく、フォロワー同士をつないでいく、点と点を線にして、リアルも含めたコミュニティーにしていく。**それが大事だなと思っています。

まず点と点をつなぐものとして、ハッシュタグ企画があります。「#セガの誕生日なので思い出語るよ」とか、キャラクターの誕生日のお祝い。また、新作ゲームのシーンを基にフォロワーとの大喜利合戦「#セガ大喜利」を企画するなど、〝場〟を公式として用意します。そして投稿してくれた内容にお礼や感想をツイートしていくと、ファン同士も自然と盛り上がって、リプライが連なり、交流の輪が広がります。

リアルを含めた取り組みとしては、セガグループ企業が合同で開催する2日間のファンイベント「セガフェス」があり、セガ公式アカウントもいちばん気合が入る時です。16年11月、18年4月、19年3月と、秋葉原のイベント会場でこれまで3回開催してい

2日間のファンイベント「セガフェス」をこれまで3回開催

て、19年3月はステージイベント「セガサターン25周年大感謝祭」で、〝せがた三四郎〟こと藤岡弘さんをゲストにお招きしました。熱狂の会場の様子をツイートで実況しました。

ＳＮＳ連動企画として、初回の16年は、「#セガロゴ撮ってアップするとソフト当たる」というハッシュタグキャンペーンを実施。自宅のゲーム機、ゲームソフト、ゲームセンターの業務用ゲーム機や広告など「ＳＥＧＡ」ロゴをたくさん投稿いただきました。19年は、開発者と協力して「メガドライブ ミニ 収録タイトル国民投票」をＴｗｉｔｔｅｒアンケートと公式サイト投票で行い、「セガフェス」で結果発表をしました。**SN**

Sとイベントを連動させた企画で、つながりを構築してリアルの場での交流を促進するのが狙いです。Twitterアンケートは結果が開示されるので、選ばれたほうを必ず収録しなければならないというリアルの緊張感がありました。メガドライブミニでは「セガフェス」後も段階的に情報を発信しましたが、ファンの期待や予想を毎回上回ることで熱狂を生み出し、SNS上でも話題になりました。

Q ファンの熱狂を高めるために工夫していることは。

18年3月と19年7月に、「#セガ公式アカウントオフ会」というミニオフ会を開きました。こちらは初回が招待者16人、2回目が32人で、場所は本社。**なぜ人数を絞っているかというと、セガ社員による手づくりのイベントでフォロワーへ「おもてなし」をしたかったためです。**外部のイベント運営会社には依頼せず、社員有志で準備を進めました。会場に歴代のハード、ソフト、グッズなどを展示し、各テーブルに社員が着席してフォロワーと直接お話しする、小規模ながら濃密なファンミーティングです。セガが好きで、セガ公式アカウントも好きという、普段からネットでも交

32人限定のファンミーティング「#セガ公式アカウントオフ会」を19年7月に本社で開催した

流のある、筋金入りの「セガ愛」にあふれた方々を抽選でご招待し、新コンテンツを試してもらったり、「中の人クイズ」や「中の人への質問」コーナーを設けたりと、参加体験型であることにこだわりました。

話が弾むように好きなゲームなどを書くコミュニケーションカードを用意し、全員個別にオリジナルの手書きメッセージカードを渡すなど、手づくり感あふれる内容。参加者は少人数ながらリアルタイムで感動の体験を発信してくれて、「#セガ公式アカウントオフ会」がトレンド入りするほど注目を集めました。

参加者の感想はコントロールできませんから、「つまんなかった」と書かれてしまう可能性だってあります。それだけに、「控えめに言って最高だった」「セガのスタッフさんがみんな楽しそうだった、それに感動した」という感想が多かったのがうれしかったですね。**私たち自身が「セガが大好きで、楽しんで今仕事をしている」「人を楽しませるのが大好き」というリアルな思いが参加者に伝わって、参加者の感動が口コミで広がっていくことを実感したイベントでした。**

ブログやＳＮＳが登場してブロガーミーティングやファンミーティングをやる企業が増えていますが、考えてみればセガはＳＮＳ以前からゲームセンターという場をコミュニティーとして生かす土壌があったと思います。ゲームセンターノートが置いてあって、そこにみんなが色々書き込んで、お店のスタッフが絵を描いたり、開発者が出向いて直接話を聞いたり。そんなもともとの企業文化にＳＮＳが加わって、「セガ愛」を広めやすく、深めやすくなったように思います。

「セガのたい焼き」はなぜ生まれた？
企業がやっていいコラボ、駄目なコラボ

セガグループの第6話は、他社とのコラボレーション企画について取り上げる。やみくもなコラボは、拡散力を高める以前に、ブランドを毀損し、ファンの離脱を促す可能性もある。納豆やコンビーフを具材にした「セガのたい焼き」といった具体例を基に、“正しい”コラボの仕掛け方、成功の秘訣に迫る。

「中の人」的運用の秘訣 6

- コラボ成功の鍵は、相手企業・お客さん・自社の“三方よし”
- 「中の人」の仕事は、フォロワーの予想を上回る良い運営を続けること
- 商品発売タイミングは話題量が増える日を念頭にスケジューリング

Q 「セガのたい焼き」がSNSで大反響。Twitter発商品を作ったワケは。

たい焼き店「セガのたい焼き」は、18年4月に池袋店がオープンしました。ゲームセンターでゲームをしばらくやっていると小腹がすいてきますよね。そんな時、ワンハンドで手軽に食べられるものを店舗で提供できたらいいね、という議論からいくつか案が出てきて、選ばれたのがたい焼きでした。

人気たい焼き店の「横浜くりこ庵」さんに全面的に監修いただいて、くりこ庵で店舗研修を受けたスタッフが店頭で焼いています。19年7月にオープンした「セガ秋葉原5号館」にも秋葉原店を出店。おかげさまで好評をいただいております。

私の中で「Twitter発のたい焼きも作りたい！」という思いがあり、社内で相談して商品化した第1弾が「セガのたい焼き『大粒納豆』」です。ご協力いただいたのが、北海道室蘭市の内藤食品工業さん。道産の大豆を使った「おらが街納豆」は、第15回全国納豆鑑評会で最優秀賞を受賞したこともある実力派。ただ、数年前に「【悲報】緊急融資断られるorz」とツイートされていて、これに、内藤食品工業さんの納

池袋のサンシャイン60通り、「セガ池袋GiGO」の一角で営業している「セガのたい焼き」池袋店

豆のファンである北海道バーチャルアイドル「北乃カムイ」アカウントや、病理医のヤンデル先生が応援メッセージを発したことで、たくさんの人が同社の納豆を買って持ち直したというＴｗｉｔｔｅｒならではのストーリーがありました。

たい焼きの中に納豆を入れるという案は「セガのたい焼き」商品開発案の1つにありましたが、急に発売しても〝キワモノ〟扱いされてしまうので、タイミングやストーリーは大事だと考えました。単純に利益を出すなら、もっと入手しやすくて安価な納豆を仕入れたほうがいいのでしょうけれど、私もＴｗｉｔｔｅｒ上で会話した経緯があったので、ぜひ内藤さんと組もうと「納豆たい焼き」を企画しました。

やるからにはまずいとは絶対に言われたくないので、納豆、しょうゆ、カラシをどのタイミングで投入してどう焼くか、たい焼きの商品開発者と試行錯誤して、大粒納豆をまるごと1パック使った「セガのたい焼き『大粒納豆』」を18年7月上旬に期間限定で販売しました。7月10日が「納豆の日」で、Ｔｗｉｔｔｅｒでもメディアでも盛り上がるタイミングと知っていたので……。バナナマンの設楽統さんが司会のフジテレビ系情報番組「ノンストップ！」に取材され、納豆たい焼きをお持ちして、食べていただきました。おかげさまで連日売り切れの人気でした。

これを「たい焼きに御社の商品入れちゃいました！」企画と名付けて、第2弾「セガのたい焼き『コンビーフたい焼き　とろ～りチーズ入り』」も商品化し、19年3月末から10日間、販売しました。ノザキのコンビーフアカウントとは以前から交流があって「何かコラボしたいね」という話をしていたこともあり、意外性と新鮮さを兼ね備えたたい焼きの有力素材としてコンビーフが浮上しました。

ホットサンドにしておいしいものはたい焼きでも絶対おいしいだろうという勝算が見込めていたことと、「案外食べたことがない若者が多いのでは？」「あの缶の開け方、

(上左)18年7月に販売した「セガのたい焼き『大粒納豆』」(上右)19年3～4月に販売した第2弾「セガのたい焼き『コンビーフたい焼き とろ～りチーズ入り』」

知っているのかな?」「缶を買うよりハードルが低いたい焼きは、コンビーフを試すいい機会になる！」と構想したのが19年3月頭。4月6日がコンビーフの日だと知って、急ぎ企画書をお持ちして、全力で間に合わせました。**「とろけるチーズに変えてみた」といった制作過程をTwitterでも公開したことで期待感が高まって、売り上げは第1弾を超えたようです。**コンビーフが大好きなノザキのコンビーフアカウントのフォロワーにもリーチでき、大変喜ばれました。

私自身が、プロフィットセンターではないホールディングスカンパニーの広報職ということもあって、損得勘定抜きで企画したのが結果的に良かったように思います（笑）。**コラボ相手、お客さん、そして自社の、三方よしの形を作ることに一番注意を払いましたね。**

Q Ｔｗｉｔｔｅｒ発の企業間コラボ、その面白さと注意点は？

通常、企業コラボは2社なり3社なりが企画して、準備が整ったら公開するものですが、思いつきのツイートがそのまま企画になって、誰も結末を知らない筋書きのないドラマをフォロワーと共有しながら進行するパターンは、とてもＴｗｉｔｔｅｒ的で面白いです。「野原ひろしの靴下」がそのパターンでした。

18年6月に開催された「東京おもちゃショー２０１８」にセガトイズから「クレヨンしんちゃん 対決！ぶーぶーケツミントン」というゲームを出品しました。しんちゃん人形を持ってネット越しに空気（おなら？）を押し出してハネを飛ばし合うバドミントンゲームです。そのプロモーション企画として、〝「ケツミントン」で熱戦したら野原ひろしの靴下はどうなるんだろうか？〟というストーリーで靴下が臭いキャラとして知られるしんちゃんパパ、野原ひろしの「ケツミントン」で遊んだ直後の靴下の臭いを化学薬品で再現して、〝体感〟できるコーナーを設置したんですね。

そうしたら、お子さまをはじめ大・大・大人気、長蛇の列ができました！　Ｔｗｉｔｔｅｒで「セガ」と共によく語られるワードとして「頭おかしい（褒めてる）」「さすがセガ」というものがあるのですが、この時も数多くのツイートがありました。〝褒めてる〟と書いてあるので、褒め言葉として受け止めています。

皆さん悶絶して帰って行かれたのですが、花王「アタック」アカウントから「これ、終わったら洗っちゃダメですか？」とお声がかかり、シャープさんが洗濯機の提供を申し出て、あれよあれよという間に、「花王アタック・シャープの洗濯機連合ｖｓセガ野原ひろし靴下」という〝ほこたて対決〟の構図になって、「＃最臭決洗」と題して本当に臭いを落とせるか実験することになりました。ちなみに臭いチェッカー提供のタニタさんが主審。キングジムさんが記録係を担当しました。

結果から言うと臭いは見事に落ちたのですが、もし臭いが残ったという判定だったらアタックブランドにマイナスになりかねないし、実験した洗濯機の洗浄力も問われます。先が見えない不安と興味が相半ばする、これぞ〝圧倒的リアル〟な面白さがありましたね。

花王「アタック」アカウントからの“挑戦状”で筋書きのない対決が始まった

セガの枠を超えて他アカウントと交流することで、フォロワーの期待を超える展開やコラボ商品を提供できて、面白がっていただける。つながりをきっかけに、ネットでもリアルでも想像を超えた結果がもたらされる、それがさまざまな可能性があるTwitterの醍醐味であり、「中の人」冥利に尽きる点かなと思います。

2

東急ハンズ

@TokyuHands

「中の人」

2009年にTwitterに参戦し、10年以上にもわたり、
第一線の人気を集める“第1世代”東急ハンズ。
開設当時の苦戦を乗り越え、
独自のコミュニケーションスタイルを確立。
多数の熱いファンを抱えるまでに成長した。
自身のことをSNSの「中の人」ではなく
「そばの人」と呼ぶ真意は──。
フォロワーとの日々の交流から炎上対策まで
10年超の“経験知”をひも解いた。

1995年東急ハンズに入社。店舗、情シス、営業企画などを経て、IT企画部在籍中の2009年にTwitter公式アカウントの「中の人」としてソーシャルメディア戦略に深く関わる。同年、Twitterを利用した商品検索サービス「コレカモネット」の開発に携わり、10年より「東急ハンズネットストア」店長としてEC事業を推進。その後、新宿店や営業企画部でリアル店舗を中心としたマーケティング戦略立案に携わり、19年4月よりデジタル戦略部長。現在も「中の人」としての情報発信は継続中。

「中の人」は中にいちゃダメ！
10年超でたどり着いた**企業アカの作法**

10年以上にもわたって、多くのフォロワーに愛され続ける老舗アカウント、東急ハンズ。開設当初は商品情報などの発信を中心にしていたが、反応は微妙……。試行錯誤の末にたどり着いたのが、ファンとの距離が近い今のコミュニケーションスタイルだ。第1話は、開設の経緯や試行錯誤、目的などについて聞いた。

「中の人」的運用の秘訣 1

- ウェブサイトに載っているような情報を流しても意味がない
- 投稿時点の温度感を伝えるために、予約投稿は極力避ける
- 企業の「中の人」ではなく、お客さんのすぐ近くにいる「そばの人」に

Q 開設は09年とＴｗｉｔｔｅｒ黎明期。始めた目的は？

すっかり「古株」であることだけが取りえになってしまって（笑）。始めた経緯ですが、「開設することでこんな成果が得られる」といった確たる理論、理屈があったわけではないんです。私は当時システム部門にいまして、新しいＩＴツールはまず試してみる〝新しいもの好き〟が多い環境だったもので、部署の数人でＴｗｉｔｔｅｒの個人アカウントを取得して使い始めていました。そうしているうちに私の上司だった部門長が、「これは何か会社の宣伝に使えるかも」と思いついて、なぜか私にお鉢が回ってきた次第です。

「いやいや」と2、3回断ったつもりだったのですが、「私がやりたいと言ってるから認めてあげてほしい」と上司が広報の了解を取り付けて、「お許しが出たからやっていいよ」と（「やりたいなんて言ってないんだけどなあ」）そんな始まりでした。

それでスタートしたのが、09年の9月のことです。「会社の宣伝に使えそう」ということで始めたので、当初はキャンペーンのお知らせや商品情報など、当社のウェブサイトに載っているような情報をＴｗｉｔｔｅｒにも流していました。反応はイマイチで

東急ハンズの企業Twitterアカウントは開設10年を超える

したね。開始時は、今広報部が使っているアカウント名（@HintMarket）だったので、東急ハンズだということが分かりづらい面もあったかもしれませんが。

何かノルマを課せられていたわけではないのでプレッシャーはありませんでした。ですが、やはりせっかく発信している以上、**反応が少ないのは寂しいと思いまして、うまく活用している企業アカウントを見て回りました。**

そこで目に留まったのが、例えばＴＳＵＴＡＹＡさん。フォロワー数もツイート数も多かったので注目していました。見てみると、例えば自分が好きな映画の話題をツイートして、同じ映画が好きなフォロワーさんと会話をしながら盛り上がっている、そんな使い方をされていました。なるほどな、と。コンテンツといえば、当社にも店頭にユニークな商品がたくさんある。面白いネタを探してきて、フォロワーさんにお伝えしようと、方向転換を図りました。

当時は、ダジャレを組み合わせてあいさつをする、企業アカウントも話題でした。**そこで、ハンズではＴｗｉｔｔｅｒアカウントで毎日午前10時に朝のあいさつをするようにしました。決まった時間に現れてあいさつするのは重要です。フォロワーの方に「ハンズ、今日も来てるな」と気にかけていただけるようになりますから。**

10時の投稿は、ほとんど予約機能を使わずに行っています。投稿するネタは事前に考えますが、投稿ボタンは10時ごろにリアルタイムで押しています。**投稿時点の温度感をそのままお伝えしたいですし、フォロワーさんからのレスにお返事もしたい**。1日のコミュニケーションの始まりなので大事にしたいんです。時間指定の予約投稿にすると、気付いたら投稿されていて、フォロワーさんからの返事をしばらく放置してしまう恐れがあります。

東急ハンズ @TokyuH... ·2019/05/26

おはようございます。東京都内は夏！夏でございます！猛暑！対策しないとカラダによくないレベルです。暑さ対策、真夏だと思ってしましょう。

東急ハンズは、店内を涼しくして、暑さ対策グッズをゆっくり選べるようにしております♪来てね〜

23　14　100

東急ハンズ @TokyuH... ·2019/05

東急ハンズのバイヤーが「絶対売れる

信した商品は? 11カテゴリ22選を一挙

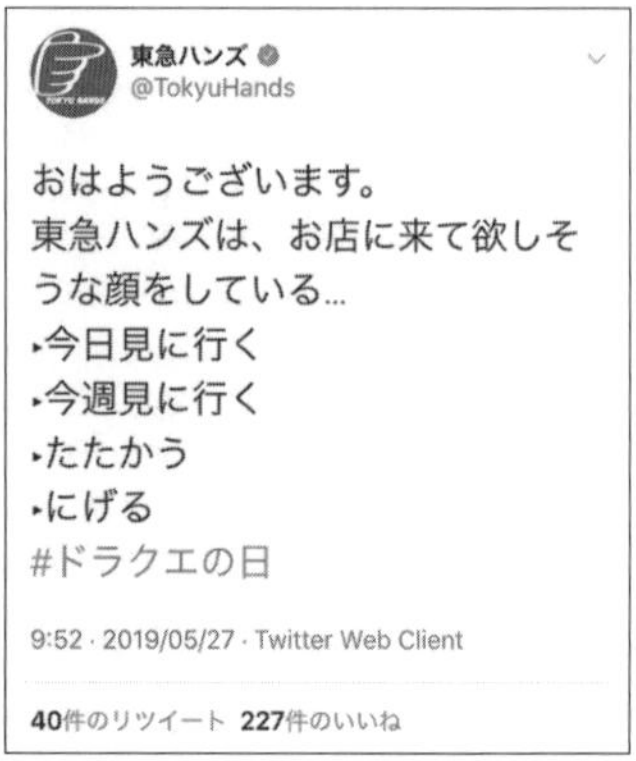

東急ハンズ
@TokyuHands

おはようございます。
東急ハンズは、お店に来て欲しそうな顔をしている...
‣今日見に行く
‣今週見に行く
‣たたかう
‣にげる
#ドラクエの日

9:52 · 2019/05/27 · Twitter Web Client

40件のリツイート　227件のいいね

店舗の開店時間である午前10時のあいさつからスタート

Q 企業アカとして、どうレス（反応）に対応するのか。

10時の投稿に対して、例えば「昨日、ハンズ行ったよー」といったレスがあります。せっかくご報告いただいているのですから、すぐさま「ありがとうございます」とお礼を返したいですし、返ってくれば喜んでいただけるでしょう。当社の取扱商品は、ハンズでしか買えないオリジナル品は少なく、他店でも売っているものが大半です。どこで買ってもよいものをどこで買うか？　そこでいつも目にするハンズのアイコンが思い浮かんで、「ハンズで買ってやろうか」と。そんな感覚、気分がお客さんの中に少しでも芽生えてくれればありがたいと思っています。

　FacebookやInstagramは比較的従来の広告に近いところがあって、発信側が発信したいことを載せる運用でも構わないのですが、Twitterはちょっと違う。独特のポジションですね。Twitterでこちらが伝えたいことばかり言っても、恐らくフォロワーさんからはそっぽを向かれちゃう。

「中の人」というフレーズがすっかり定着していますが、文字通りに「企業の中から外にいるお客さんに向かって情報発信する」と解釈してしまうと間違うかなと懸念しています。どうしても「中」というと対義語の「外」が意識されて、中である企業と外のお客さんとの間に壁ができてしまう。そうではなくて、「中の人」はお客さんがいる外に出向いていって会話に加わり、お客さんが求めていそうな情報を提供する。**なので最近、「中の人」ではなく、お客さんのすぐ近くにいる「そばの人」という感覚でコミュニケーションを取るのがいいのではないかと考えています。**

10年超の運用経験から生み出された「企業アカウントの作法10カ条」を公開！

Twitter開設10年以上が経過する東急ハンズの第2話は、長年の運用経験から得た知見をまとめた「企業アカウントの作法10カ条」を公開。投稿の工夫からレスに対する反応の仕方、そしてエゴサーチの方法まで、フォロワーの期待をどうすれば超えられるのか、企業アカが学ぶべき珠玉のルールがここにある。

「中の人」的運用の秘訣 2

- 商品紹介は自分の言葉で。自腹で買ったものほど反応は大
- 情報発信2割、おしゃべり8割。コミュニケーションをとことん重視
- 対応は自然体で。知ったかぶりはすぐバレるので要注意

企業アカウントの作法 10 カ条
1. 定期的に、時間を決めてお決まりの投稿をする
2. 臨場感のある投稿をする
3. 自分のキャラを無理に隠さず、自然体で投稿する
4. 自社にまつわるキーワードをエゴサーチして、面白いモノには積極的に返信
5. 投稿内容が偏らないように心がける
6. 相手の方に合わせ、会話の流れを壊さない
7. 自分では解決できない・分からない質問は、必ず該当の窓口や最寄りの店舗を紹介する
8. SNS でのコミュニケーション・ルールは店頭での接客と同じ
9. メンションやコメントにはできる限り返信する
10. 企業アカウントは凹んではいけない

東急ハンズのTwitter活用で得た知見をまとめた投稿ノウハウ・作法10カ条

Q 10年継続して作り上げた投稿ノウハウや決めているルールは。

そういった内容のお話をする機会も増えているので、そこでこちら（上）の10カ条をご紹介しています。

1つ目の**「時間を決めて定期的にお決まりの投稿をする」**は、第1話でお話しした午前10時の開店時刻に投稿する朝のあいさつです。「東京は今にも雨が降り出しそうな雲行き」といった、リアルタイムで投稿していることが伝わる内容にし、「便利なレイングッズをたくさん取りそろえていますよ」と来店促進フレーズを加えたりしています。

2つ目の**「臨場感のある投稿」**。これは

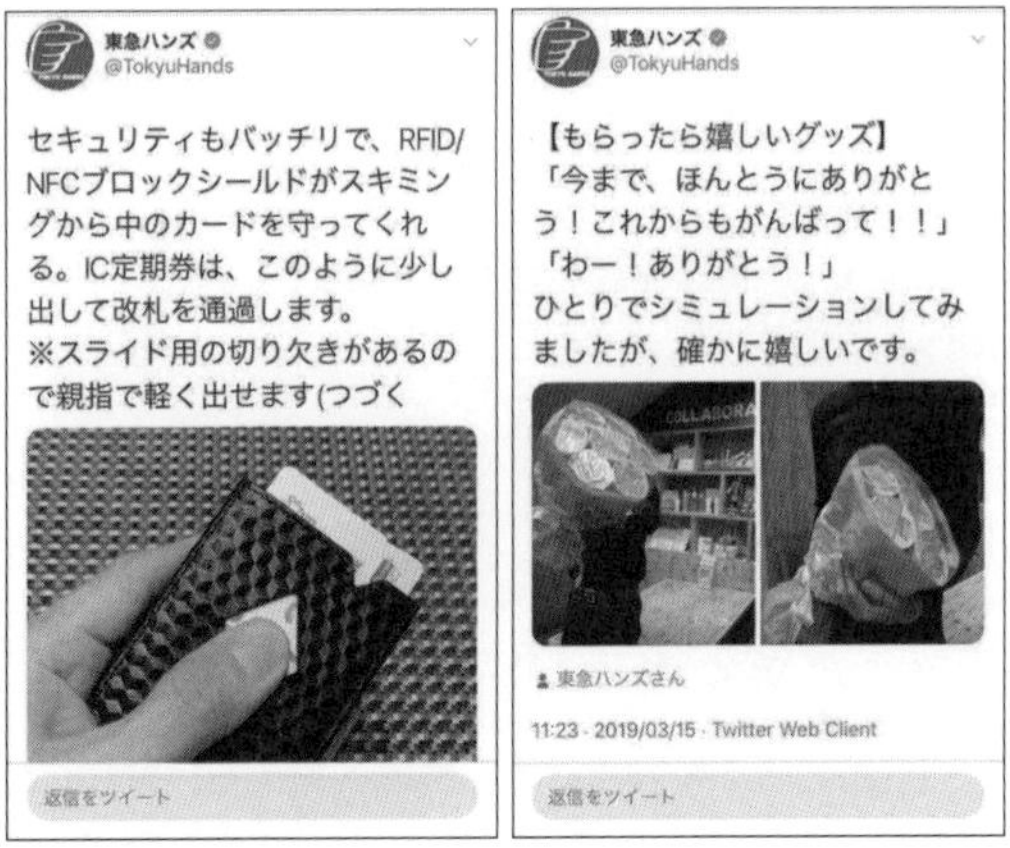

実際に試してみたうえでのツイートは反響が大きい

「行ってみた」「使ってみた」感を出す、という意味です。「この商品をハンズアカウントで紹介してほしい」という依頼が各部署からありますが、用意された写真や文面をそのままコピペして横流しするだけでは宣伝チラシになってしまいます。自分でいったんかみ砕いて、自分の言葉でツイートしたほうがいいですね。特に、自腹を切って買った商品を紹介すると反響が大きいです。

ユニークな商品は、利用シーンも交えて投稿するようにしています。3月の送別会シーズンに「もらったらうれしいグッズ」として、「ヌードルブーケ」という、カップヌードルを花束にしたバラエティーグッズを紹介しました。これを商品写真だけでなく、１人花束贈呈式シーンを撮って載せたところ、多数のリツイートといいねが付き、実際によく売れました。体験が共感を呼び、共有されて、購入意欲を高める。そんな流れがありそうです。

３つ目は**「自分のキャラを隠さず自然体で投稿する」**です。企業の看板を背負ったアカウントだと、ついハンズのことは何でも知っていなければ、詳しくなければ、と気負ってしまいがちですが、「知ったかぶり」投稿は嫌われるんですよね。「自然体で～」というのは、知ったかぶりは避けようという意味合いもあります。背伸びせず、偉ぶることなく、知らないことは素直に「よく知らないです」「どなたかご存じですか？」と教えてもらうスタンスがいいです。すると、「よしよし、わしが教えちゃる」みたいな感じで来てくれます（笑）。そのほうが盛り上がりますね。ハンズ公式Ｔｗｉｔｔｅｒの性格は、素のままの私です。何か特定のキャラを演じるのが苦手というか疲れてしまうと思ったので、「自分のスタイルで行く」と決めたのですが、それが長続きしている要因になっています。

Q フォロワーとのコミュニケーションで気を付けていることは。

10カ条の4～9は、まさにＴｗｉｔｔｅｒユーザーとのコミュニケーションのあり方についてのものです。4つ目の**「エゴサーチ（自社名をキーワードにして検索）をして面白いものに返信」**は、「ハンズ」で検索してハンズを含むツイートが職場のＰＣに常時表示されるようにしています。昼休みや外出時の移動中もスマホからちょくちょくチェックしていますね。ポイント5倍・10倍キャンペーンや、アニメ作品とのコラボなど展開中の企画にどのくらい反響があるか、どんな声が上がっているか、確認しています。話しかけてきたものではない投稿への返信は最近はしなくなりましたが、面白い投稿が目に留まったときはリツイートすることもあります。

5つ目の**「投稿内容が偏らないように心掛ける」**ですが、一方通行の情報発信ばかりに偏らないように注意しています。ハンズ公式Ｔｗｉｔｔｅｒの場合、情報発信2割、おしゃべり8割が目安です（笑）。Ｔｗｉｌｏｇ（ついろぐ）で調べてみたところ、@付きのツイート数を総ツイート数で割ったコミュニケーション率が81～82％になっています。

６つ目の**「相手に合わせ、会話の流れを壊さない」**は、相手の会話トーンにできるだけ合わせるということ。フレンドリーにくだけた口調で話しかけてきた人に、堅すぎる返事をしても壁ができてしまいます。「昨日ハンズ行ったよー」と話しかけられたら、「ありがとうございまーす！」と返すノリですね。

７つ目の**「自分で解決できない質問は、窓口や最寄りの店舗を紹介」**。寄せられた質問が自分のよく知っている、すぐ回答できる内容なら直接答えます。ただ、「新宿店の開店時間は？」のような即答できる質問はめったにないですね。よくあるのが「ハンズにカードケース売ってますか？」といった内容です。これ、意外と難しいんです。

ひと口にカードケースと言っても、薄いプラスチックケースでよいのか、定期入れのようなものを望んでいるのか、首から提げるＩＤカードケースのイメージか、色々あります。たいていどこの店でも取り扱っているカテゴリーの商品であれば、「ありますよ」とお答えしたうえで、「最寄りの店舗でスタッフにお問い合わせください」といった具合に返しています。質問者としても、私に答えてほしいわけではなくて、「こういう質問はどこで聞けばいいのか？」ということだと思うんです。なので、スピード優先で適切な窓口を案内することを心掛けています。

商品や在庫の問い合わせは店舗へ誘導

8つ目の**「SNSでのコミュニケーションは、店頭での接客と同じ」**と、9つ目の**「メンションやコメントにはできる限り返信する」**。Twitterでフォロワーさんから話しかけられたということは、店舗でお客さんに話しかけられたのと同じだと解釈して、しっかり対応しようという意味です。「ネットだから」「リアルでは」という区別はありません。

ラスト10個目は**「企業アカウントは凹んではいけない」**です。企業アカウントがネガティブな投稿をするメリットは何一つないと思っています。ちょっと体調が優れなかったり、プライベートあるいは仕事で課題を抱えていたりしても、店舗の店員はその感情や表情をお客さんに向けることなく、笑顔で接客しています。それから比べればＴｗｉｔｔｅｒ担当の接客負担は軽いのですが、直接お客さんと面と向き合わないだけに、切り替えができずにネガティブ投稿を安易にしてしまいがちです。そんな日は無理にツイートしないほうがいいでしょう。

ネガティブ投稿が似合う会社はないと思いますが、特にハンズは、「何か新しい発見がある」「ワクワクする」といった企業イメージがあって、それを期待するフォロワーの方々に支えられていますから、凹んだ投稿はしないよう、心掛けています。

東急ハンズがなぜ「手羽先」？
バズるツイート、売れるツイートとは

企業アカウントの古株、東急ハンズ。第3話は、ファンにバズったツイート、売れたツイートについて聞く。中でも「鉄板」としてファンに愛されているのが、「手羽先」のネタだ。なぜ生まれたのか、そしてなぜ盛り上がるのか、東急ハンズの公式アカが愛される理由を、ファンとのコミュニケーションの観点から探った。

「中の人」的運用の秘訣 3

- 事前にこれは受ける！と思って狙うと、たいてい滑る
- フォロワーさんの立場だったらどう思うか。そこから思考をスタート
- モノの宣伝ツイートは、「コト化」して伝える

Q 「東急ハンズといえば手羽先」がお約束ネタに。バズった経緯は？

これはもう開始初年度の頃のやり取りですが、ふと東急ハンズのロゴマークの話題になりまして。東急ハンズは、「お客様の生活文化の創造をお手伝い」という企業理念を掲げていて、あのマークは「お手伝いする『手』」を表したものです。物質社会に対して手づくりの良さやぬくもりを大切にするという意味合いもあります。社名の通り、「ＨＡＮＤＳ」＝「手」です。

ところが、「えっ、手だったんですか」とか、「羽じゃないの？」「天使の羽か何かと思ってた」といった声が多く上がったので、私は会社側の人間として、「いや、それは手ですよ」「羽じゃありません」と説明したんですね。「羽じゃないの？」→「いや、手です」→「羽じゃないの？」→「いや、手です」と繰り返しているうちに、どなたかが「もう手でも羽でもよくね？」「いっそ手羽でよくね？」という話になり、「いや、さすがに手羽は。。」。そんなやり取りがあったのが始まりです。

そこから「うわ、見れば見るほど手羽だ！」と盛り上がりまして。私は認めるわけにはいかないので、「いや、手羽じゃないですよ」「手羽ヤメレｗｗ」ってずっと言い

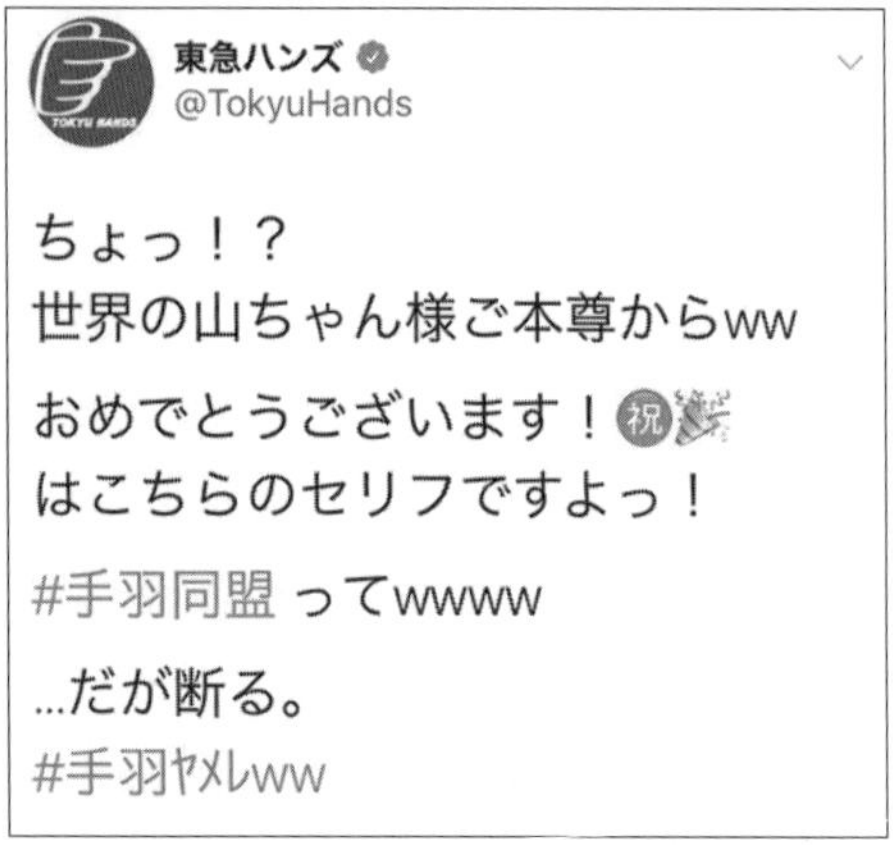

手羽先が定番ネタになっている東急ハンズTwitter

続けて今に至ります。当初は「んー、まいったな」と思ったのですが、それを友人に話したら、「否定すればするほど盛り上がるなんて超おいしいじゃん。ずっと否定すべきだよ」とアドバイスをくれまして。以来10年近く、否定し続けています。

　手羽ネタで反応がいいのは、手羽先の料理の写真を載せた時です。いや、認めたわけではなく、手羽先は普通に誰でも食べますからね。「さあ、今日は鳥をいただこう」という感じでおいしそうな写真を載せる。すると、「自画像か」とか「共食いだ」といった反響があって、それに「何のことですか?」「何を言ってるか、よく分かりません」と返事をしていく。19年6月14日の手羽先記念日（手羽先メニューで有名な「世界の山ちゃん」が制定）でも、「おめでとうございます」とたくさんの〝間違いリプ〟が寄せられました。皆さん飽きずに突っ込んでくださって、本当に感謝です。

Q 反響が大きかったツイートの特徴は？　狙ってバズは作れる？

私が「これを言ったらウケるだろう」と狙ってツイートするとだいたい滑るので、狙ったものではないのですが、大当たりしたツイートとして一番記憶にあるのは大雪の日。18年1月に東京で大雪警報が発令された際のツイートですね（次ページ上）。これはリツイートが７０００件超、いいねが1万件を超えました。

見ての通り、会社側のスタンスでは全くないです。他社・他店さんが一様に「足元にお気を付けてお越しください」的なツイートをされているのを見て、「自分が今自宅にいてフォロワーさんと同じ立場だったら、こんなに雪が積もってきて、帰りの電車が動かなくなるかもしれないのに、東急ハンズには行かないよなあ」と思ったので、「ハンズに来ている場合じゃないですよ」と、ふと思ったことを言っただけのつもりでし

大雪の日のツイートが大反響

た。そこがツボだったようですね。来店してほしいと思っているであろう立場の人間が「来ている場合じゃない」と言っているのが面白い、と受け止められた。

いつにも増して反響が大きく、「ハンズが『来るな！』って言ってるw」といった盛り上がり方も一部あったので、「これは会社から怒られるかな」と思って、すぐ広報には情報共有というか、「ちょっとやらかしたかも」と〝自首〟しておいたのですが、ネットニュースからテレビの情報番組まで好意的に取り上げてもらって、ほっとした次第です。フォロワーからは従業員の心配もしていただいて。ありがたいことです。

Q 宣伝ツイートで商品を売ることは可能なのか。

東急ハンズ公式Ｔｗｉｔｔｅｒは、コミュニケーション（という名のおしゃべり）がツイートの8割を超えていて、商品紹介があまり多くないこともあり、「私がツイートしたから売れた」というのは残念ながらあまりありません。ただ、各店舗のＴｗｉｔｔｅｒアカウントは運用目的が販促なので、成果が出ている例はあります。

次ページ上のツイートは、池袋店のアカウントで、「ｂａｎｄｅ（バンデ）」というマスキングテープを紹介したものです。マスキングテープではあるのですが、テープをちぎって使うのではなく、小さいシールがテープ状につながって巻かれている商品です。桜の花びらがテープ状になっていて、1枚ずつめくって使えます。これから春を迎える2月にこの商品を紹介したところ、広く拡散して売れ行きも好調でした。

商品自体がユニークであることはもちろんですが、色々な使い方を写真で示せたのが効いたのだろうと思います。例えばポストカードに描かれている木の枝に桜の花びらを貼り付けて満開の絵柄にするとか。花びらの開き具合や色合いも異なるので、並べて貼るとグラデーション状になってきれいです。その魅力がしっかり写真を通じて

桜の花びらがテープ状につながったマスキングテープが池袋店のツイートで人気に

伝わるように見せていますね。

マスキングテープ自体は１００円ショップでも売っていますし、ｂａｎｄｅはＡｍａｚｏｎでも売っています。こうして使い方提案をビジュアル化することで、「これはすてき」「ハンズなら他にも色々種類ありそう」と来店動機につながるのではないかと思います。

他にＴｗｉｔｔｅｒから売れたものとして、こちらも池袋店発信ですが「レポチケ」というファイルブックが紹介早々に品薄になったことがあります。コンサートのチケットは、行った後も記念にずっと持っていたりしますよね。この商品は見開きの上段にチケットを差し込んで、下段のメモスペースに感想や曲リストなどを書き込めるようになっているものです。「もっと早く欲しかった」「旅日記にも使えそう」といった声が寄せられました。**Ｔｗｉｔｔｅｒユーザーの琴線に触れるモノ選びと、それをコト化して伝えるのが大切ですね。**

ネット炎上を避ける「5S」ルールとは

対応は迅速・誠実・透明を心掛ける

第4話は、炎上回避策と炎上してしまった際の対応について聞く。Twitterをはじめとした SNSは、拡散力が非常に高い半面、炎上のリスクがどうしてもつきまとう。いかにしてリスクを下げているのか、何に気を付けて投稿しているのか、企業人だけでなくSNSを使う個人も必見のルールをお届けする。

「中の人」的運用の秘訣 4

- 常連さんとの会話はほどほどに。一見さんが入りやすいように
- トラブル対策として、政治や宗教などの「5S」を避ける
- 炎上した場合は、素早く、誠実に、そして隠さないことが鉄則

Q ネット炎上をはじめとした、トラブル回避のために心掛けていることは。

いわゆる〝常連〟フォロワーさんとの距離感については気を付けています。開店時刻の10時に朝のあいさつをすると、たくさんのリプライをいただきます。大変ありがたいことです。こうした常連さんとの関係を築くのは大事ですが、特定アカウントとだけ〝キャッキャウフフ〟しているように見える状態はあまり好ましくないと思います。**外から見て、一見さんが入りづらそうな、疎外感を感じるような運用は避ける必要があります。**

企業によっては、例えば専門的な商材を取り扱っていて、その分野に精通した顧客とのやり取りが見ていて参考になる、という運用もあるかもしれません。ただ当社の場合は、幅広い品ぞろえで老若男女幅広いお客さんにご来店いただきたいお店なので、そこは偏らないように注意しています。これは実店舗の接客も同じです。よくご来店いただく顔なじみの常連さんと店員がずっと話し込んでいたら、印象良くないですからね。

さらに、トラブル回避策として、「5S」を定めています。ツイートで避けるべき5

スポーツは回避テーマだが、国民的関心事についてはこの限りではない

つの話題の頭文字を取った5Sです。指定している5つとは、

「政治」「宗教」「差別」
「スポーツ」「セクシュアル」

ただ、スポーツに関しては、もちろんサッカーW杯やオリンピック・パラリンピックのような国民的行事ともなれば、日本代表選手・チームを応援する投稿は問題ありません。あと、例えば広島店のアカウントが地元の球団、チームを応援するのもアリです。ここでスポーツをNGとしているのは、投稿者が個人的にファンである球団やチーム、選手をひいきするような投稿は良くないとい

う意味です。アカウント運用に当たって投稿者の個性を出すこと自体はいいのですが、好みが分かれる領域で特定チームのファン活動をして、公式アカウントに色が付くようなことは避けたい。当社はプロスポーツチームの運営やスポンサーには関わっていないので、誤解を招かないようにする必要もあります。この５Ｓは、店舗アカウントも含めて順守するようにしています。

ただ一度だけ、このハンズ公式アカウントで「政治」に抵触まではしていないものの、ギリギリ言及したことがあります。17年の10月、衆院選の直前でした。

小池百合子都知事が希望の党を立ち上げて街頭演説していた時です。東京・町田駅前での演説だったようですが、ちょうど選挙カーから看板が目に入ったのでしょう。「東急ハンズにもニトリにも、いろんなもの売っていますけれど、ちょっと足りないのが希望」という発言があったと。「将来への希望が持てる国をつくることが重要」という主張の流れの中ですけれどね。

初めは静観していましたが、この演説が党のＹｏｕＴｕｂｅチャンネルで配信されていて、これにフォロワーさんが反応して「希望が足りないって言われていますよ」と知らせてくれました。ちょっと迷いましたが、固有名詞が出ていることもあるので、コ

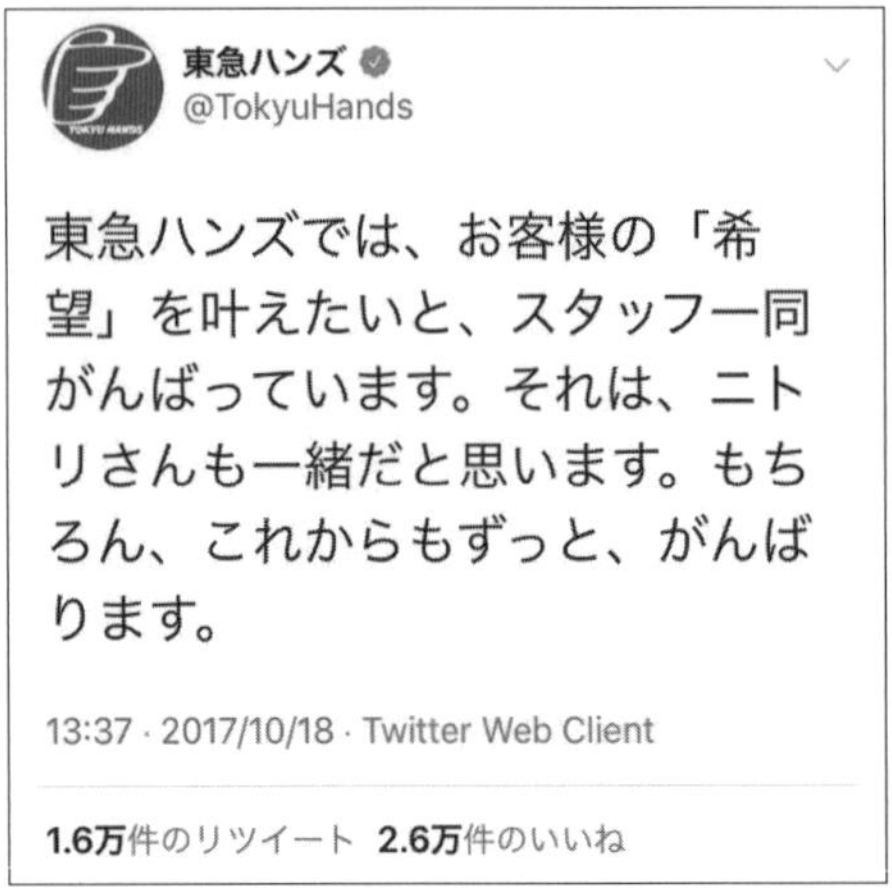
東急ハンズ
@TokyuHands

東急ハンズでは、お客様の「希望」を叶えたいと、スタッフ一同がんばっています。それは、ニトリさんも一緒だと思います。もちろん、これからもずっと、がんばります。

13:37 · 2017/10/18 · Twitter Web Client

1.6万件のリツイート 2.6万件のいいね

「ハンズ、大人の対応」と称賛された

メントいただいたフォロワーさんや来店者の方に答える形で投稿したのがこの内容でした（上）。

演説に対する反論になってしまわないよう、慎重に言葉を選びながらの投稿でしたから、バズを狙う意図など毛頭ありませんでしたが、これが大きな反響を得ました。ネットニュースをはじめ新聞記事にもなり、「ハンズには希望がたくさんあります。応援しています！」といったコメントが多数寄せられたのがうれしかったですね。もっともこれは例外中の例外なので、政治に言及しないルールは今後も変わりません。

Q もし炎上してしまった場合にどう対応するべきか。

幸いハンズ公式では炎上経験なくきましたが、当社も炎上は経験しています。インフルエンザシーズンに、予防接種に関する不適切な内容を投稿してしまい、批判、懸念の声が寄せられました。16年11月の出来事です。この投稿については投稿したアカウントではなく、公式アカウントが対応し、なんとか鎮火しました。

炎上してしまった際の対応として重要なポイントは3つあります。**1つ目は、火種を素早く感知して的確に判断する「迅速性」。2つ目が、指摘・批判を真摯に受け止める「誠実性」。そして3つ目が、ネガティブな内容を隠蔽しない「透明性」、です。**

問題投稿から2時間20分後に、おわびの1ツイート目を投稿しました。この時は、社内で対応について協議するなどの手続きよりも「迅速性」を重視。内容は、社としてはきちんと予防接種を実施しており、この発言でご不快な思いをされた方に対するおわびを申し上げました。次いで2ツイート目で、組織として再発防止に取り組むことをお伝えしました。ここでTwitter上の反応を確認すると「予防接種を強制しているのか?」という質問リプライが複数あったので、「体調・体質はそれぞれなので接種は任意だが、罹患（りかん）した場合は医師の許可が出るまで出社を停止して感染を防ぐ」と投稿して、ユーザーの不安解消に努めました。ご指摘やご批判には、自分がこの炎上を目の当たりにした一ユーザーだった場合、その説明で納得がいくかどうか、何を批判されているのか、不安にさせてしまっていないか、あるいは誤解されていないか、それらをきちんと把握して「誠実性」をもってお応えする必要があります。

もう1つ重要なのは「透明性」で、これら一連のやり取りを（ネガティブな内容であっても）隠したりせず公開の場で発言すること。ＤＭなど見えないところでやり取りしたり、自分たちに不利な内容だからといって削除したりすると、逆に火に油を注ぐ結果になります。幸い、応援のコメントも多数いただき、翌日には平常モードに戻りました。

19年は、主に飲食チェーンで従業員の不適切な行動がＳＮＳ投稿から発覚する「バイトテロ」が再び話題に上りました。実店舗を持つ当社も人ごとではありません。それでも、対応のポイントを押さえていれば、万一の際もすべきことが明確になって、炎上を最小限に食い止められるのではないかと思います。

3

キングジム

@kingjim

「中の人」

1927年創業のオフィス用品メーカー、キングジム。
老舗ながら、「テプラ」や「ポメラ」など、
挑戦的なアイデア商品で市場を驚かせている。
そんな社風を反映し、公式アカウントも極めてユニーク。
アスキーアートを駆使したツイートや、
ユーモアあふれるファンとの"雑談"は見ものだ。
「理想は『サザエさん』に登場する浮江お姉さん」
家族や友人とは違うけれど、いつでも気軽に話せる
そんな距離感が、多くのファンに愛されている。

キングジムで企業活動および製品の報道対応、イベント実施など広報パーソンとして幅広く活動中。2010年より、キングジム公式ツイッターを担当。キングジム公式Twitterの初代「中の人」であり、「姉」の愛称でも親しまれる。開設約10年間で、今や38万フォロワーを超える人気アカウントに。著書に『寄り添うツイッター　わたしがキングジムで10年運営してわかった「つながる作法」』（KADOKAWA）

生活者目線の素朴な思いをストレートに表現 アートを織り交ぜた遊び心で和ませる

オフィス用品の開発で知られるキングジム。公式Twitterは、38万人超のフォロワーを集める人気アカウントだ。アスキーアートを駆使するなど、言葉だけに頼らない斬新なツイート表現は多くのファンの心を捉えている。ツイートがバズることもたびたび。独特の運用手法の秘訣に迫った。

■「中の人」的運用の秘訣 1

- 投稿は文章のみにあらず。アスキーアートで表現の幅を広げる
- 世間に身を置き、生活者目線に立った投稿を心掛ける
- 政治色を帯びる可能性のあるツイートには要注意

Q バズるツイートを、「これはイケるぞ」と予想してつくれるのか。

■ 全くないですね（笑）。こればかりは長く「中の人」を担当していても読めないです。「これはある程度拡散されるだろうな」と見込んで投稿したものがさっぱり響かなかったり、逆にほんの独り言で拡散なんて想像もできなかった内容が広がったり。

2019年10月に入って消費税率が10％に上がった際のツイートは話題になりました（編集部注：10月1日時点でリツイート6万以上、いいね19万以上）が、このツイートは完全に後者です。こんなに反響が大きいことは年に1回あるかないかで、多くはありません。2万～3万リツイートはまれにありますが、6万件を超えることはめったにないです。

そもそもこの投稿は、通勤のときに会社の外に出て、ふと立ち寄った店舗で見かけた〝事実〟をそのまま述べただけでした。もともと公式Twitterを開設した当初から、商品やサービスの情報だけを発信するのではなく、**これはプロフィル欄でも明言していますが、「ささやかな日々の出来事などをお届け」していくことで気軽に交流できる場を目指しています。**

19年10月1日、この投稿でリツイートが6万件を超えた

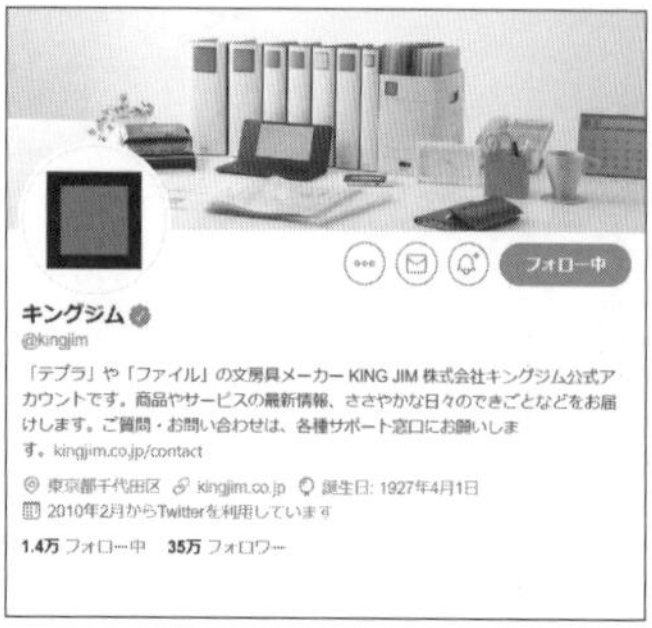

キングジム公式Twitterのフォロワーは38万人を超える

消費税は話題としてちょっとセンシティブなところがあって。炎上回避として、政治・宗教・特定のスポーツチームなど、よく言われる忌避テーマには触れないようにしていますが、消費税も一歩踏み込むと賛否や意見になって一気に政治性を帯びてきます。**企業に所属している会社員なので、何かに意見を表明するのではなく、生活者目線で見えてくるものや気付きを大切にしたいですね。**企業と社会の両方に身を置いて発信するように心掛けています。

Q キングジムはアスキーアートを使った投稿が定番。始めたきっかけは。

公式Ｔｗｉｔｔｅｒアカウントを始めた10年当時は、まだ画像付きのツイートができなかったんです。ハッシュタグも日本語対応していなくて半角英字のみだったり。テキストがメインの世界。**文字だけで表現していくことに限界を感じていて、そこで上限１４０文字というスペースを生かして、様々な表現ができないかと模索した結果、たどり着いたのがアスキーアートでした。**

私はとある美大を卒業しているのですが、もともと油絵を描いていたので、白いテキストボックスを空間に見立てて、文字幅の限界を超えるには……と考え出すと結構それが奥深くて、すっかりはまっていって。今もフォロワーの皆さんから「お家芸」と言われたりしています。

油絵だともう画家になるか美術の先生になるか。デザイン系だと広告代理店やプロダクトデザイナーなどがあるんですけど、ファインアートだと就職先は限られますね。私自身は「もうやり切った」と思って企業への就職を考えていましたが、メーカーに就職する人は珍しい環境です。

楽し気なアスキーアートはキングジム公式Twitterのお家芸

Q 堅い企業のイメージですが、なぜTwitterを。

当社は、「キングファイル」とラベルライター「テプラ」が2大製品で、ほぼ法人ユーザー向けになります。なので社会人の認知度は高いのですが、テプラやキングファイルの商品名を知っていてもキングジムが開発していることは知られていないケースはあります。最近でこそ減りましたが、かつてはスポーツジムに間違えられたりすることもありました（笑）。当社は経営理念として「独創的な商品を開発し、新たな文化の創造をもって社会に貢献する」を掲げています。オフィスの定番「キング

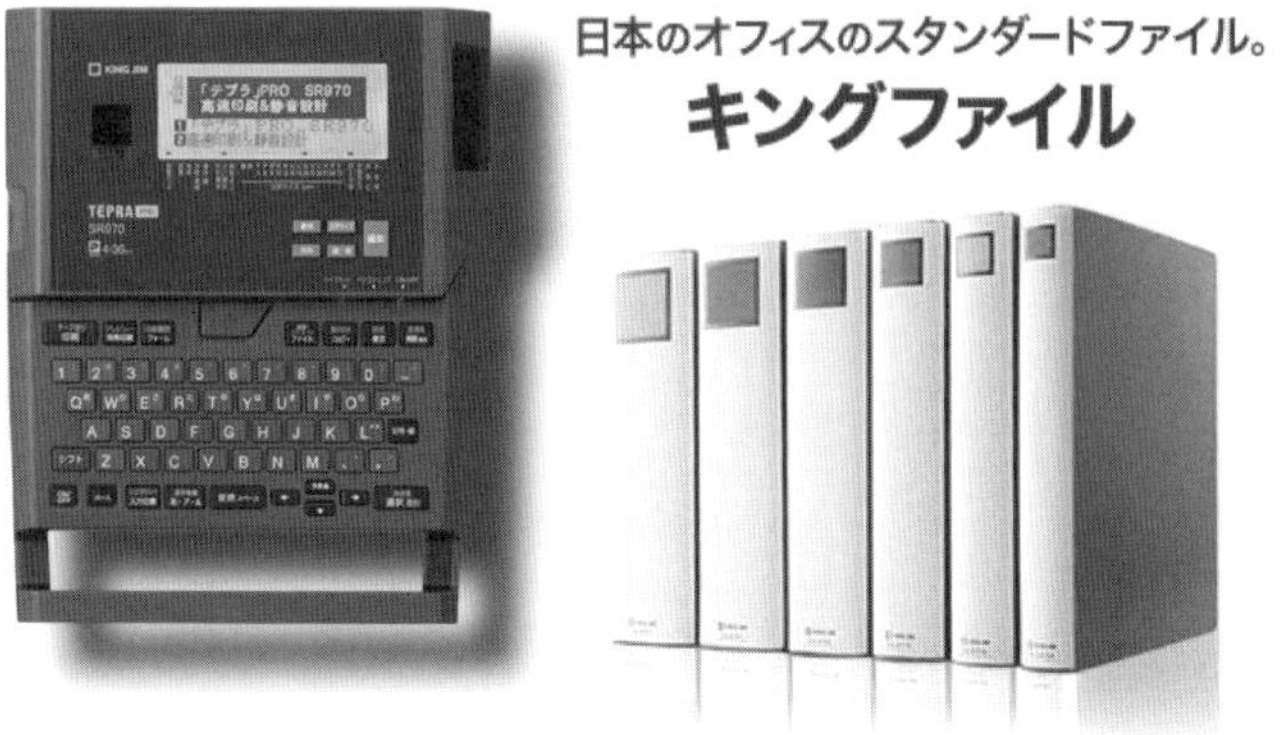

オフィスの定番「キングファイル」、ラベルライター「テプラ」。ビジネスの現場ではおなじみ

ファイル」、ラベルライター「テプラ」などに加え、この理念が体現された代表的な商品が、08年発売のデジタルメモ「ポメラ」です。

ポメラは発売前、社内で皆「売れないのでは？」と懸念していて、決して期待された商品ではありませんでした。「ワープロは衰退したのに今さら？」という見方をされていたんですね。ところがいざ発売されると、累計35万台を超えるヒット商品になりました。

そもそも、当社の社長は「10の新商品のうち9回空振りでも1回ホームランが出ればいい」とよく話をしています。他社の後追いではなく、まだどこも手掛けていない、

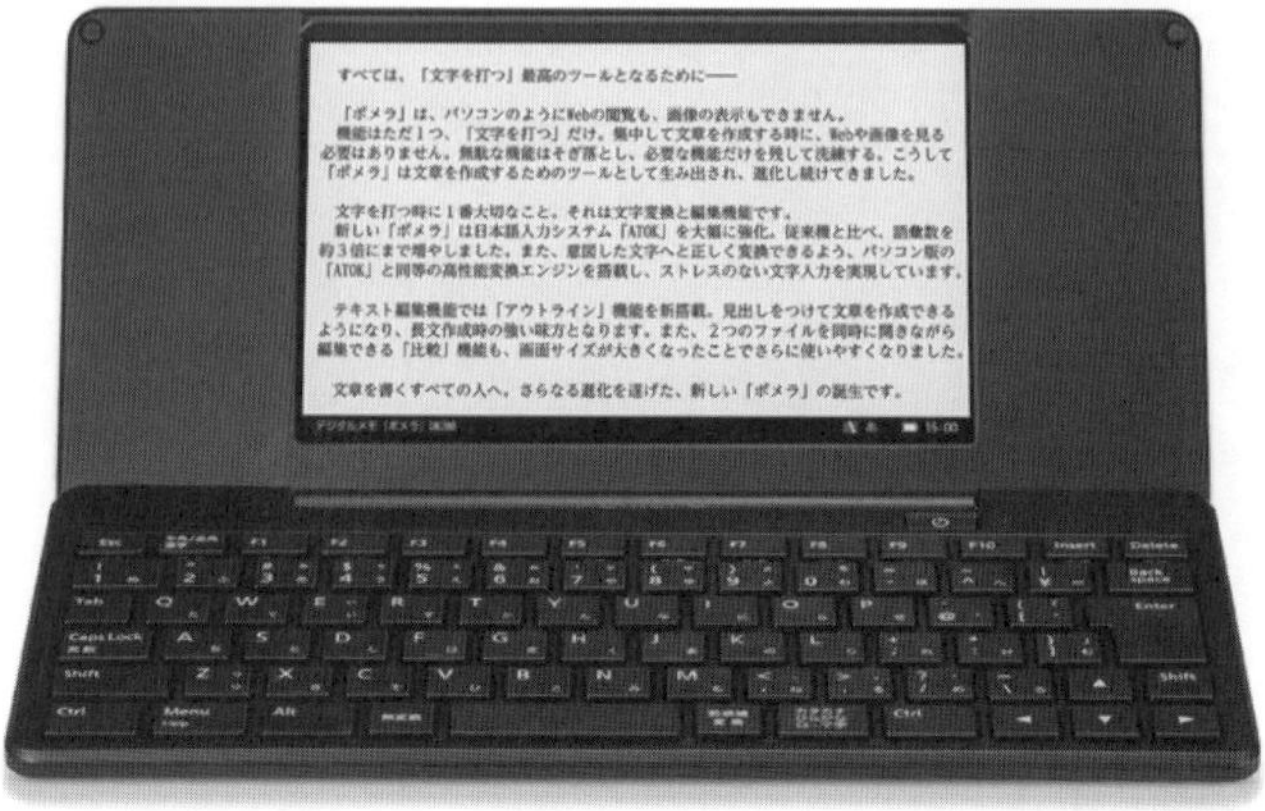

テキスト入力専用マシン「ポメラ」

10人中9人は興味を持てなくても1人が欲しいと言ってくれる商品を出していこう、という考えです。

ポメラが成功して以降、これまでのオフィス向けに加えて個人向けの電子文具の開発が増えました。**今後もっと個人の顧客が増えていくことが予想されるので、顧客接点を増やしていきたい。**そんなことを考えていたのが、ポメラ発売翌年の09年。ちょうどTwitterユーザーが増え始めたタイミングで、公式アカウント開設へとつながっていきます。

堅いイメージを日常会話で払拭
理想は「サザエさん」の浮江お姉さん

“お家芸”であるアスキーアートを始めたきっかけに続き、第2話は「中の人」に指名された経緯や開設当初の試行錯誤について聞き出す。大きな災害の際にもツイートをやめなかったワケや、日々の雑談を大切にしている理由などについて語ってもらった。「浮江お姉さんがロールモデル」と話すその真意は。

「中の人」的運用の秘訣 2

- 災害時でもコミュニケーションは継続する
- 「サザエさん」の登場人物である浮江お姉さんをイメージ
- 堅い企業イメージは、日々の会話を通じて取り払う

Q Twitter担当になった経緯は。

当時ポメラのユーザーがTwitter上でハッシュタグ「#pomera」を付けて積極的に議論していました。個人的にTwitterを利用していた社長がそれを見つけまして、「ぜひキングジムでも開設してみてはどうか」ということになりました。

私が「中の人」になったのは、社長からの指名です。指名されたときは自分のアカウントすら持っていなくて……。Twitterの使い方もよく知りませんでした。理由は直接聞いたことはないのですが……。当時、社内広報施策として社員なら誰でもブログを書ける環境がありました。そこで運用部門としてまず広報部員が積極的に書いていこうということで、私が商品のこと、仕事のこと、仕事とは直接関係ないこともブログに書いていました。それを読んでいたようです。

この人選には驚きましたね。個人アカウントも持っていなくて、社長のほうがずっと詳しい状態でのスタートでしたから。「やり方が分からなかったら社長室に聞きに来なよ」と言われていましたが、さすがに基本的なことを社長に教えてもらうわけには

「ポメラ」発売10周年の特設サイト

いかないので、自分で覚えました（笑）。

Q ど素人から、どのようにして今のスタイルにたどり着いたのか。

試行錯誤の連続でしたね。開設当初は企業アカウント黎明（れいめい）期だったので、お手本になるような例も今ほどはなくて、何が正解か分からず、手探りでした。顔が見えないネットの場なので不安に思うところもあって、開設から半年ほどは一方向的に企業側からの情報だけを毎日発信する運用方法でした。

ただ、それだと、コミュニケーションが醍醐味のＴｗｉｔｔｅｒの利点を生かせません。一方向の情報発信でも、色々な意見やコメントが返ってきていたので、それを黙視するのはもうやめようと決めて、開設半年たったぐらいから積極的にコミュニケーションしていく方針に切り替えました。**返事をすることで、「こんなことを発信してほしい」といったリクエストも寄せられ、それに応えることで反響が得られて、やり取りが活発化していきました。**そんな新しい運用スタイルに慣れてきたタイミング、開設から約1年後に東日本大震災が発生しました。

各社Ｔｗｉｔｔｅｒに限らず、広告・宣伝が全面的に自粛モードに入りました。私は入社以来ずっと広報畑でしたが、何もすることやできることがなく、自分の仕事が社会に求められているのか、誰かの役に立つのか、自問自答を繰り返していましたね。ただ、Ｔｗｉｔｔｅｒを完全自粛することにも不自然さを感じていて、震災前まで活発にツイートしていた企業がパッタリ投稿をやめてしまうのも何か違うように思っていました。コミュニケーションは続けられるのではないかと。それで、商品の宣伝やＰＲは控えて、日常の会話は継続しました。

実際に、Ｔｗｉｔｔｅｒを通して仙台で被災された方や岩手にお住まいの方などからのご意見を聞いていました。聞いてみると、「自粛されるほうがつらい」というリプライが多くありましたね。今まで通りの会話を続けてほしいと。テレビで津波の映像はもう見たくないし、ＣＭも自粛されているし、日常を取り戻すためにも、Ｔｗｉｔｔｅｒは今まで通りやってほしいという声でした。それで夏ぐらいまでコミュニケーションに集中した運用を続けました。

その後、世の中の自粛ムードも徐々に解けて通常の運用スタイルに戻っていきましたが、結果としてこの約半年、フォロワーさんと日常会話を繰り返すことで、距離感がぐっと縮まりました。

「これからお弁当です」とか「花粉で鼻水と涙が止まらない」とか、本当に〝たわいもない会話〟です。が、**宣伝を封印してコミュニケーションに注力したこの期間は、振り返るとフォロワーさんとの絆を実感でき、またＴｗｉｔｔｅｒを使ったコミュニケーション力も磨くことができて、結果的に企業の財産になったように思います。**

Q 企業のカラーなど、投稿の際に意識していることは。

法人向け商品が主力だけに当社にはもともと堅いイメージがあって、決して悪くはないのですが、せっかくならユニークなモノづくりをしている面白い企業である側面を知ってほしいと思ってツイートしています。イメージ構築として、軟派から硬派にするには時間がかかりますが、硬派なイメージを崩すことは難しくはないと考えていました。**創業90年以上の歴史や製品をベースに発信していきながら、投稿自体を楽しんでもらって、親しみやすい関係性を築く。そして、購入時などにふとキングジムを思い起こす瞬間が増えていくことを目指しています。**

キャラクターとしては「近所のキングジムさん」ですね。家族や友人とは違うけれど、いつでも気軽に話せる距離感。私、「サザエさん」が好きなんですけど、登場人物でいうと浮江お姉さんをイメージしています（笑）。直接遊びにいくわけではないけれども、道ですれ違ったときに気軽に話せる、そんな関係、距離感を心掛けています。**キングジムの場合、商品情報と雑談のツイート割合は、ざっと3対7で雑談が多めです。**雑談の一つに「おやつイート」というものがあるのですが、幅広い世代が楽し

おやつの話題は幅広い世代が楽しめるテーマ

めるテーマとして定期的に発信しています。おやつや食事は誰の生活にもあって、サザエさんや寅さんのように国民に広く愛される作品には必ず食卓を囲むシーンが盛り込まれています。キングジムのＴｗｉｔｔｅｒもそれらの作品のように長く続けられればと考えています。

　こうしたコミュニケーションを通じて企業アカウントと個人の間にある壁を取り払うことで、紹介した商品にも「買ってみました」というリプライがよく届くようになりました。面白い使い方をしていたらそれをリツイートして、それがまた他のフォロワーさんにも伝わって盛り上がったりしています。

キングジム中の人に異例の「社長賞」
商品告知の反響に**取引先まで注目する**ワケ

堅いイメージを持たれがちなビジネスグッズメーカーながら、雑談を大事にしてファンとゆるくつながるキングジム。第3話は、Twitterを継続することで生まれるメリット、さらに広報・宣伝の枠を超えて営業面へ波及する効果などについて聞いた。14年末に「中の人」として社長賞を受賞した舞台裏にも迫る。

「中の人」的運用の秘訣 3

- フォロワーやファンの声はコントロールできないと認識すべし
- 熱心なファンと一緒に新商品を広めていくような関係性を構築
- 企業アカ同士の積極的な交流で、互いのフォロワーへ認知を高める

Q Ｔｗｉｔｔｅｒの運用について、会社はどう評価しているのか。

実は、「社長賞」なるものを受賞しまして……。年間通して会社の業績に貢献したとか、影響力をもたらした人を表彰するもので、受賞したのは14年の年末でした。受賞者は例年、ヒット商品を手掛けた開発者や、売り上げを大きく伸ばした営業担当者が多いです。間接部門が取ることはめったにないので、配信された社内通達を見たときは、我が目を疑うというか、本当に驚きでした。

授与の理由は「Ｔｗｉｔｔｅｒを通じた企業イメージ・商品認知度の向上」でした。「中の人」の仕事は外に向けて発信することなので、フォロワーからの反響の他、「キングジムのＴｗｉｔｔｅｒ活用についてセミナーで講演してほしい」といったお声がけもいただくようになっていました。ただ半面、社内から評価されることはあまりなかったんですね（笑）。公式アカウントがこのノリでツイートしていてよいのか？といった声もありました。

ただ10年2月の開始から5年目に入ったこの時期になると、営業担当者が取引先に行くと「Ｔｗｉｔｔｅｒ見ていますよ」「面白いですよね」と声をかけられるようになっ

社内からも公式Twitterアカウントの貢献が認められた瞬間

て、話のきっかけになったり、セールストークに使えたりと、社外の反響が社内に〝還流〟されていきました。

新商品の発表日に商品内容をツイートして、「何か面白そうな商品だ」と盛り上がってたくさん拡散されると、メディアで記事にもなりやすい。取引先側はやはり世間の反響・反応が気になるので、その大きさで仕入れが変化します。**メーカー側が「この商品は新しいです」「画期的です」と熱弁しても、販売元からの情報だけでは説得力に欠けてしまうので、ネット上の反響は売れ行き予測のバロメーターになります。**ずっと社外に向けて生活者との関係構築のためにやってきたことが時間を経て実った形で、手応えを感じました。

もともとキングジムの商品を持っている方も多く、新商品の発表時や発売早々に活発な意見が寄せられます。商品の利点や活用法をレビューしてくださり、もう我々社員よりも詳しいんですよ。逆に参考にさせてもらったりするくらい。開発メンバーも発表日はかなり気にして見ています。

一緒に新商品を広めていくような関係が構築されるのは、Ｔｗｉｔｔｅｒならではですね。メーカーでお客様と接点のある部署って、お客様相談室ぐらいだったりするので、感想や意見がリアルタイムで飛び交うＴｗｉｔｔｅｒは本当に画期的なメディアだと思います。

もちろん、こうした声はコントロールできるものではないので、褒めていただくだけではなく、問題点のご指摘もあります。その場合は私から開発サイドにフィードバックしています。そしてソフトウエアの改変等のタイミングで改善するといった形で生かしています。

Q 社長賞で他に評価されたTwitterならではのポイントは。

他社とのコラボ商品展開も評価の対象でした。14年7月に「キングジム×ハンズ　トラベル・オレッタ」を限定１０００冊で発売して、あっという間に売り切れました。Ａ４書類を三つ折りにして持ち歩けるホルダーに、世界各国の電圧とプラグの早見表など、旅行に役立つ情報を付加したものです。

きっかけは、両社のフォロワーさんから、「ハンズのオリジナル文具が欲しい。キングジムとのコラボなら……」という趣旨のリクエストのツイートがあったことでした。これにハンズさんが「つくってー」と〝むちゃ振り〟ツイートをしてきて、「ほんとに作っちゃうんだからね」とこの時点では冗談半分でリプライしたのですが、商品開発担当に話をしたところＯＫが出て、コラボ企画が実現しました。ハンズさんのトラベル用品売り場に置く想定だったのですが、予想外の反響で大半は「ハンズネット」で売れてしまって、店頭に並んだ数は少なかったと聞いています。

その後も、これは17年の話ですが、過去のボツネタ例として罫（ケイ）線に円周率（３・１４……）が書かれている「円周率ノート」を３月14日の日付に掛けてツイート

東急ハンズとのコラボで14年7月に発売した「キングジム×ハンズ トラベル・オレッタ」

したところ、ロフトさんからのお声がけで、まさかの商品化に至っています。翌18年には「素数ノート」「元号ノート」「百人一首ノート」などの派生商品を展開しました。

13年ごろから企業アカウントが急増して14年は戦国時代に突入し、ツイートしても今までのようには拡散しづらい環境でした。ただ、**異業種のアカウント担当者と会話することで、他社のフォロワーさんがキングジムをフォローし、キングジムのフォロワーも他社のアカウントをフォローする流れができて、フォロワー数が増えることもありました。**そのタイミングで当時はまだ目新しかった企業間コラボに取り組んだことで、注目を集めることができましたね。

ファンレターお返し企画に3000人が応募

「ふと思い出してもらう」関係性がベスト

ファンとの距離感を大事に交流をするキングジム。その「中の人」には、小学生から上は71歳のおばあさんまで、幅広いフォロワーからファンレターが届く。感謝を込めたお返し企画には、多数のファンの応募が殺到する事態に。第4話は、Twitter運用担当者としてのやりがいや絆を感じた事例について聞いた。

「中の人」的運用の秘訣 4

- 応募者全員プレゼントなどでファンへの感謝の心を伝える
- ふと思い出してもらえる存在へ、Twitter以外の交流も
- 開発者とユーザーが意見を交わすオフ会の開催も視野に

Q 「中の人」のやりがいや楽しさを感じる出来事は。

■ 色々ありますが、Ｔｗｉｔｔｅｒを通じてでなければキングジムを知らなかっただろう方々と交流できていることですね。昨今の情報過多な環境下で、これまでの広告宣伝が届きにくくなった若年層やシニア層の方もＴｗｉｔｔｅｒを利用されていて、ツイートをきっかけにキングジムを知っていただけるのは大きな喜びです。

フォロワーの属性は、「Ｔｗｉｔｔｅｒ中の人宛」で会社にファンレターが届いて知るケースが多いです。下は小学生、上は71歳のおばあさんからいただいたこともあります。「キングジムさん…す・す・す…すきです！こちら71歳のおばあちゃん、どうだーーー!!」って。デスクで噴き出してしまいました（笑）。

ファンレターは、受け取るたびに運用の活力になっています。それで17年に**「こちらが受け取ってばかりではなく、『中の人』からフォロワーさんに何か届けられたらいいな」と考え、オリジナルのポストカードを作って応募者全員に郵送する企画を実施しました。**

１００人ぐらいかなと高をくくっていたら、約３０００人の応募がありまして。全

オリジナルポストカードのプレゼント企画に約3000人の応募が集まった

部手書きで一言メッセージを添えて発送する作業をやり切りました。もう最後のほうは腱鞘（けんしょう）炎気味でしたが、うれしい悲鳴でしたね。

発送後には「届きました」というポストカードの写真が添付された投稿がたくさん上がりました。この企画は6月に応募、7月に発送だったのですが、18年の年賀状でもお返事をたくさんいただきました。**Twitter運用の目的でもあった「ふとキングジムを思い出してもらう関係性」が年賀状という形で可視化できました。**また普段、Twitterの140文字では収まり切らない気持ちを長いお手紙でくださる方もいて、こんなに深く様々な思いでキングジムのアカウントを見てくれている方々がいることを実感した出来事でした。

うれしいことに、ここ3年くらい、「Twitterでキングジムを知って入社しました」という若手社員が増えています。当社は法人向け商品が主体で、学生が商品に接触する機会が少ないだけに、Twitterから知って興味を持って入社試験を受けた、実際に入社したというエピソードは本当に面白い時代が訪れたのだなと心躍ります。

先日、企業アカウントの運用担当者たちが集まったときに、「『中の人』になりたいです」という志望者が現れたことも話題になりました。こうやって取材を受けたり、Twitter活用をテーマに講演の機会をいただいたり、老若男女から多数リプライがくるようになり、企業の運用担当者が世間に浸透していくと、そのうちYouTuberのように「将来なりたい職業ランキング」に上がる日もそう遠くないのではって。開設当初は、ネット上で発信する広報業務の中のさらに特定ツール（Twitter）を使う人を対象にした狭いお仕事という認識だったので、まさかここまでパブリックになるとは想像していなかったですね。

テプラの30周年イベントとして18年10～11月に「テプラ」CAFEをオープン

Q 次の10年に向けてやるべきこと、やりたいことは。

まだ具体的には考えていませんが、企画としてリアルイベントをやったら面白いかもしれませんね。18年にテプラの発売30周年で、青山に「テプラ」ＣＡＦＥを設置してイベントを開いたことがあります。**ユーザーと開発スタッフが色々意見を交わすことで商品開発のヒントが発見される場にもなったので、リアルの接点を持つのはいいなと思いました。**

キングジムの商品って、文具店にはファイル等のステーショナリー、家電量販店には電子文具という具合に売り場が分かれていて、一堂に並ぶ機会ってなかなかないんですよね。私のオススメ商品を質問される機会も多いので、「@kingjim推奨商品」をジャンル問わず並べるのも需要があるのかなと。

特に「次の10年は……」という野望のようなものがあるわけではなくて、ここまでフォロワーさんが長い間離れず見守ってくださっていること自体が奇跡的でもあるので、この関係を末永く続けていきたいです。

「お前のじゃない」……

キングジム「中の人」傑作ツイート集

多くのファンレターが届くほど、フォロワーに愛されるキングジムの「中の人」。「きんきんきんようび～」など、定番ネタも多く、毎回待ち望むフォロワーも多いはずだ。それだけではない。旬なネタに、あるあるネタ、意外なお役立ちネタまで投稿は多彩。第5話は番外編として、キングジムの傑作ツイートの数々を紹介する。

POINT

- 記念日に触れることで、定番の投稿でも新鮮さを維持
- 「こんなふうに使えます」というコト視点の利用シーン紹介が有益
- 世間への配慮や、フォロワー視点に寄り添った運用が見える

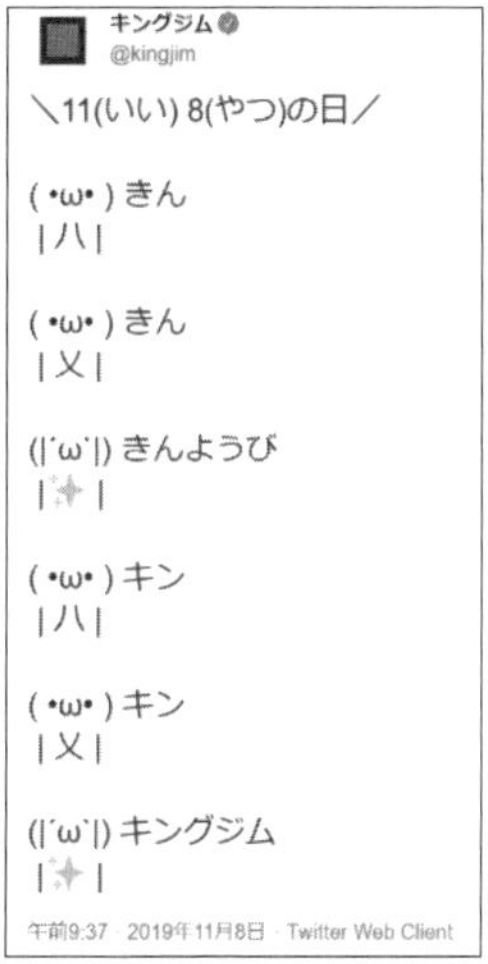

定番の「きんきんきんようび～」ツイートで気合が入るTwitterユーザーは多いはず

キングジムの公式Twitterといえば、やはり〝お家芸〟のアスキーアート（AA）が名高い。定番となっているのが、第1話でも紹介した、金曜朝一番の「きんきんきんようび　キンキンキングジム」だ。このツイートが、「今日頑張って乗り切れば週末だ」と多くの社会人、学生らの心を捉えている。

定番ツイートといっても、ただ毎週コピペをしているわけではない。〝記念日〟に合わせた小技を巧みに織り込んでいる。10月4日（金）の「天使の日」には、頭上に輪っかのある天使アイコン。10月25日（金）には、（キュウリョウビ？）のテキストとお札のアイコン。中秋の名月だった9月13日

キングジム
@kingjim

くコ:彡　　げっそり
くコ:ミ　　げそ
くコ:≡　　げそ
<コ：彡　げつようび～
<コ：ミ　今年も残すところ70日
<コ：≡　がんばるげそ～

午前9:51 · 2019年10月21日 · Twitter Web Client

キングジム
@kingjim

かーかーかようび かけぬけろ かようび

```
  火          水          木            金
└曜┐       └曜┐       └曜┐          └曜┐
┌└   三    ┌└   三    ┌└   三       ┌└   三
```

午前9:12 · 2019年9月3日 · Twitter Web Client

キングジム
@kingjim

もふもふもくようび～

```
 (\ (\ (\ /) /) /)
('人'( '人' )'人')
 (\ (\ (\ /) /) /)
('人'( '人' )'人')
 (\ (\ (\ /) /) /)
('人'( '人' )'人')
 (\ (\ (\ /) /) /)
('人'( '人' )'人')
 (\ (\ (\ /) /) /)
('人'( '人' )'人')
```

午前9:25 · 2019年9月19日 · Twitter Web App

キングジム
@kingjim

すいすいすしすしすいようび～

🍣
🍣🍣
🍟🍣🍣
🍣🍣🍣🍣
🍣🍣🔍🍣🍣
🍣🍣🍣🍣🍣🍣
🍣🍣🍣🍣🍣🍉🍣
🍣🍚🍣🍣🍣🍣🍣🍣
🍣🍣🍣🍣🍣🍣🍎🍣🍣

⚠️すし以外のたべものが5つあるよ

午前9:10 · 2019年11月6日 · Twitter Web Client

（金）には満月とお団子のアイコンをちりばめていた。きめ細かい芸風で楽しませてくれる。

「きんきんきんようび～」ほど知られてはいないが、金曜以外の曜日にも定番ツイートがあり、毎週ではないが朝の景気づけとして投稿している。

季節の話題やタイムリーなトピックを「絵」にするのも得意とするところだ。19年の七夕のシーズンには、キングファイルの背表紙を基にデザインした短冊を用意（上右）。17年に東京・上野動物園で誕生したパンダのシャンシャンが1歳の誕生日を迎えた日には、笹（ささ）を食べるパンダをシンプルなAAで表現した（上左）。

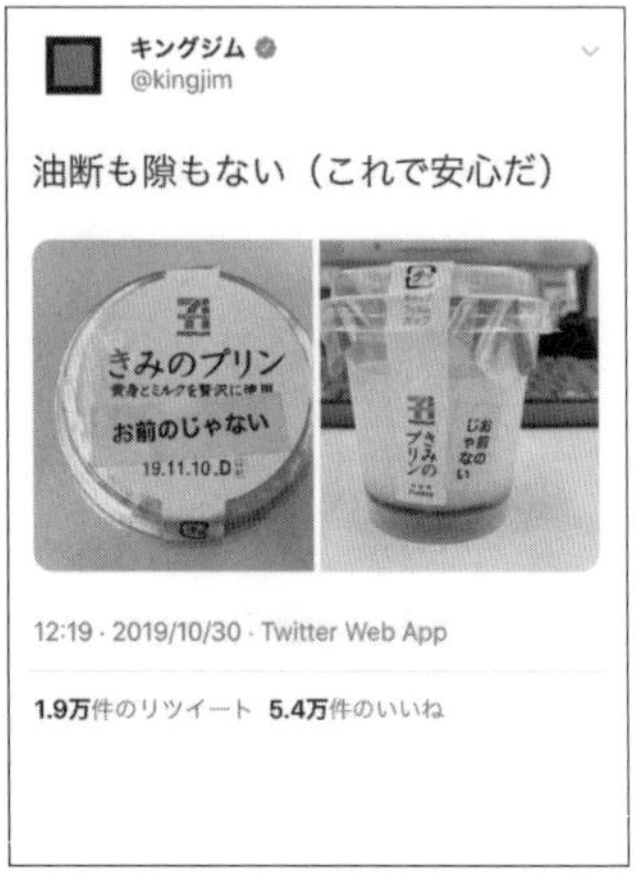

〝あるある〟利用シーンの訴求で大拡散

もはや説明するまでもない定番の自社商品のPRにおいても、持ち前のツイートセンスをいかんなく発揮している。例えばラベルライター・テプラ。ツイートの肝は、モノよりコトだ。テプラのスペックではなく、テプラで作ったラベルが実生活で役立つ〝あるある〟シーンを面白おかしく活写することで、それがユニークな用途提案となって、発売から30年を超える電子文具の話題化に成功している。

職場の冷蔵庫に買って入れておいたデザートがない！　そんな悲劇を繰り返さないために貼るラベル「お前のじゃない」は、

18年キングジムTwitterの流行語となった。19年10月末、セブン-イレブンのプリン「きみのプリン」に「お前のじゃない」ラベルを貼った写真ツイートには、「いいね」5万4000件、2万件弱のリツイートがあった。

面白ツイートだけではない。お役立ち豆知識を得られる機会もある。エクセルを操作していて、タテが「行」だったか「列」だったか、ふと迷った経験がある人も多いだろう。それを漢字のつくりから教えてくれる投稿は好評を得た。

キングジムは、テキストオンリーのツイートでも魅了する。人気企業アカウントのシャープ→タニタ→キングジムの順でリ

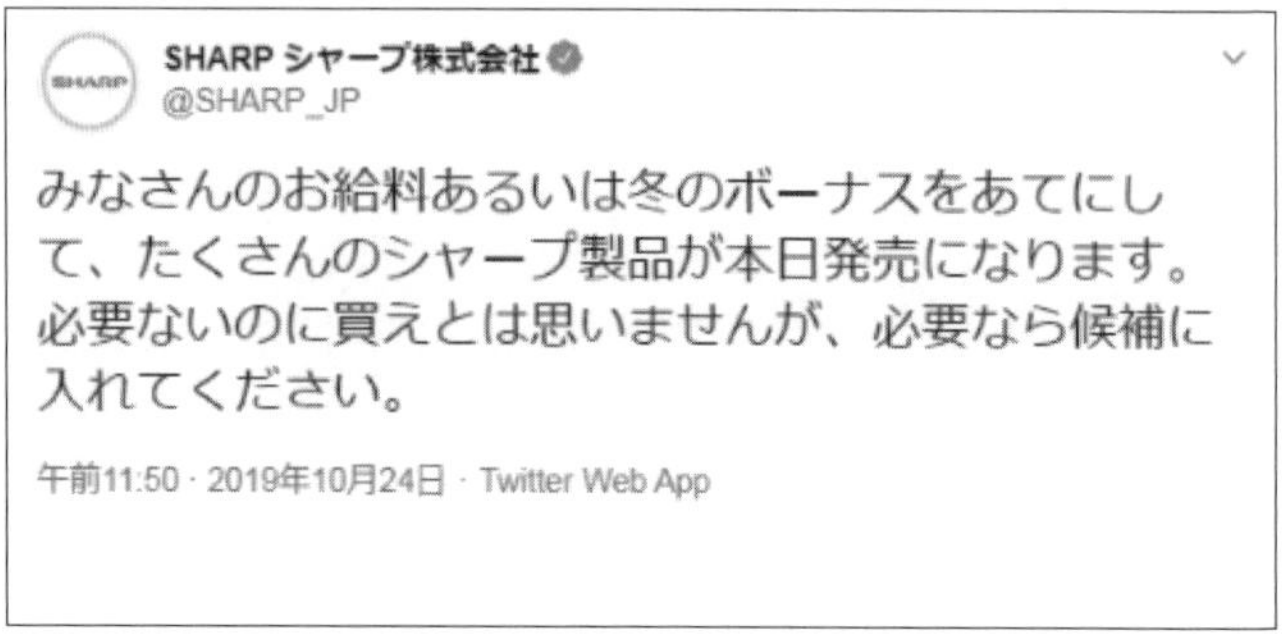
SHARP シャープ株式会社
@SHARP_JP

みなさんのお給料あるいは冬のボーナスをあてにして、たくさんのシャープ製品が本日発売になります。必要ないのに買えとは思いませんが、必要なら候補に入れてください。

午前11:50 · 2019年10月24日 · Twitter Web App

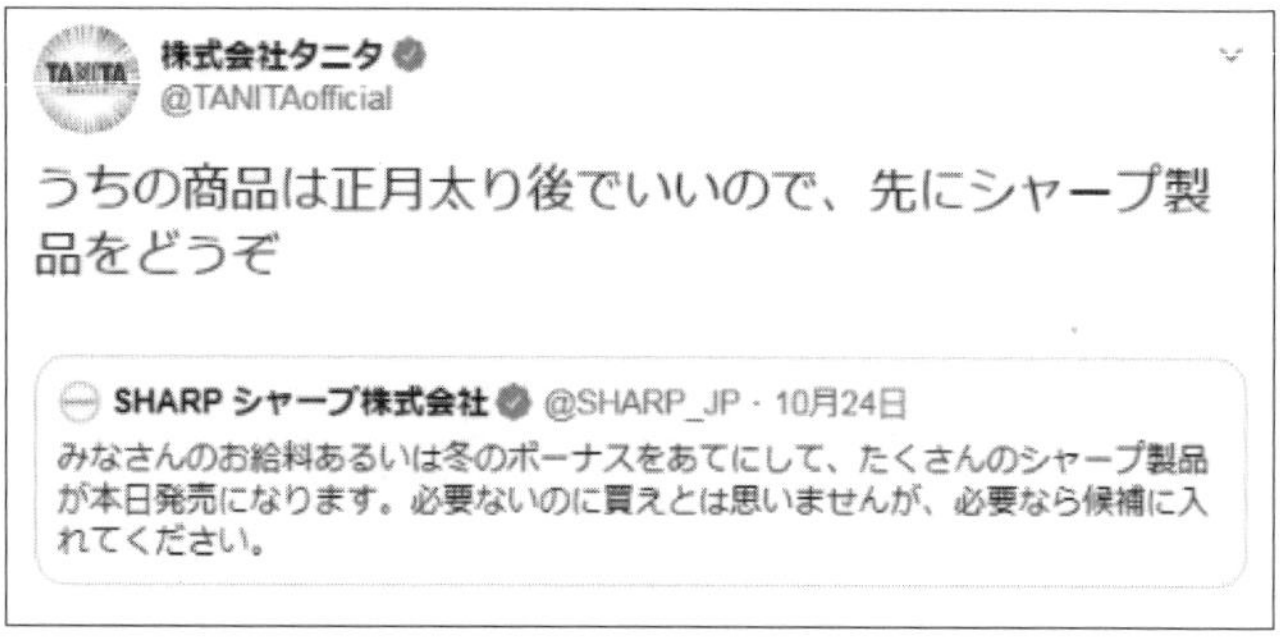
株式会社タニタ
@TANITAofficial

うちの商品は正月太り後でいいので、先にシャープ製品をどうぞ

SHARP シャープ株式会社 @SHARP_JP · 10月24日
みなさんのお給料あるいは冬のボーナスをあてにして、たくさんのシャープ製品が本日発売になります。必要ないのに買えとは思いませんが、必要なら候補に入れてください。

キングジム
@kingjim

うちの事務用品は年度末でいいので、先にシャープ製品とタニタ製品をどうぞ

株式会社タニタ @TANITAofficial · 10月24日
うちの商品は正月太り後でいいので、先にシャープ製品をどうぞ twitter.com/SHARP_JP/statu…

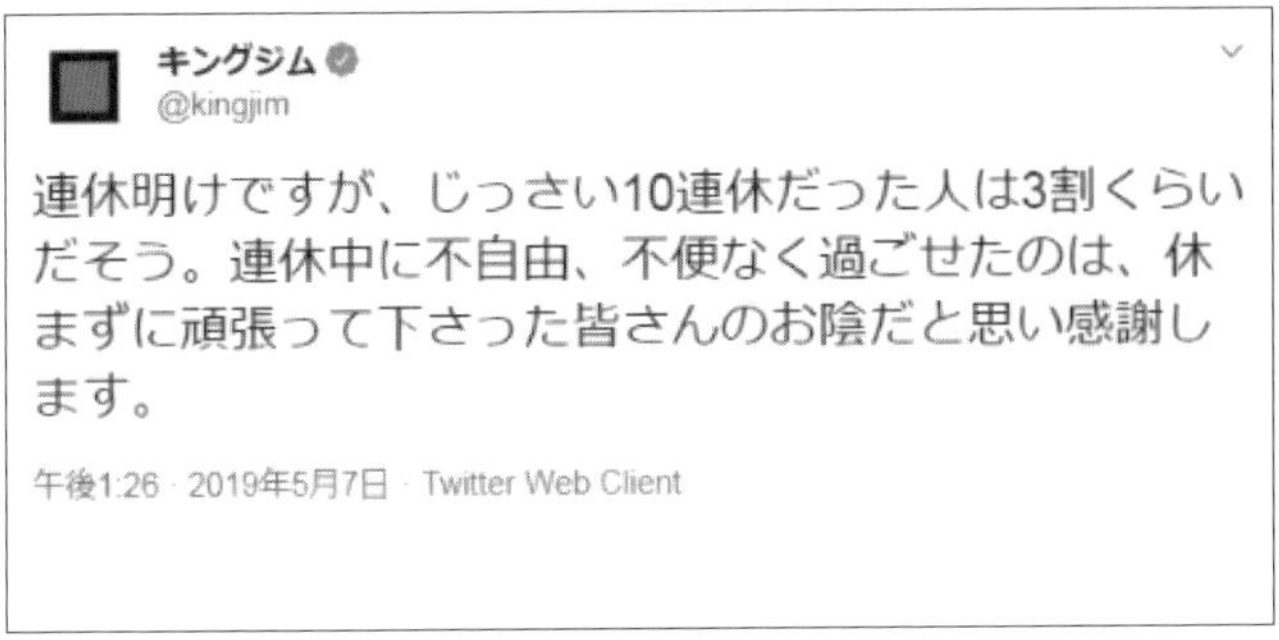

キングジム
@kingjim

連休明けですが、じっさい10連休だった人は3割くらいだそう。連休中に不自由、不便なく過ごせたのは、休まずに頑張って下さった皆さんのお陰だと思い感謝します。

午後1:26 · 2019年5月7日 · Twitter Web Client

レーしたツイートでは、シャープとタニタを気遣いつつ、キングジムもすかさず便乗する格好になった。企業アカウントファンの間で評価の高かった、当意即妙なリレートークである。

　そして気遣い、配慮といえば、こちら（上）の改元10連休明けのツイートだ。丸々10連休を取得できた人は少数派で、世間が休日のときこそ働く人が数多くいることに思いを寄せ、感謝の気持ちを表したツイートは、〝げっそり〟と浮かない休み明けの気分を温かい気持ちに変えた。

　最後に、「これぞキングジム画伯！」という作品を紹介しよう。タカラトミー、ギンビス、ぺんてるの3社が主催する「動物お

絵かきコンテスト」の「中の人」部門で、キングジムは過去5回開催のうち、エントリーしなかった18年を除いて4回グランプリに輝く無双ぶりを発揮している。

19年に出品した作品は、キングファイルの背表紙に「たべっ子どうぶつビスケット」（ギンビス）の動物たちをバンクシー風に描いたもの（上左）。5冊の背表紙を合わせてキャンバスに見立てたところがユニークだ。17年の出品は、古代エジプト壁画風の作品「紀元前前前世たべっ子どうぶつ」（上右）。「額に入れて飾りたい」という声が多数上がる圧巻のクオリティーだった。

4

井村屋
@IMURAYA_DM
「中の人」

「あずきバー」や「肉まん・あんまん」など、
超ロングセラー商品を有する三重県発の井村屋。
Twitterの開設は2012年7月と、人気アカウントの中では
“後発組”ながら、15万人超のフォロワーに愛される。
老舗の“堅い”イメージに対して、
ゆるい会話、いわゆる“軟式”なツイートが話題に。
他社アカウントや自治体とコラボした斬新企画も連発。
「コラボは“トリプルWIN”でなければ意味がない」
そう語る、井村屋「中の人」の運用の秘訣に迫る。

飲食業、プロバイダー、PC教室などを経験後、2006年に井村屋に中途入社。入社後すぐ、「井村屋ウェブショップ」の立ち上げに参画。12年7月に自ら手を挙げて、井村屋公式Twitterをスタートさせる。現在は井村屋ウェブショップ、販促部門全体を取りまとめながら、Twitter担当者として活動している。趣味はゴルフとゲーム「龍が如く」(セガ)

フォロワー数を500人から1万人超に爆増
「あずきバーをレンチン」が生まれたワケ

夏場は「あずきバー」、冬場は「肉まん・あんまん」という定番人気商品を展開している井村屋。老舗らしからぬ面白ツイートを発信する“軟式”な運用が話題を呼び、フォロワー数は15万人を突破する人気ぶりだ。第1話は、アカウント開設のきっかけや、フォロワー数を1万人増やした“伝説”のツイートなどについて聞く。

井村屋 imuraya 「中の人」的運用の秘訣 1

- 話題になったネタには“便乗”してみて、反応を探る
- 社内の「当たり前」が、実は消費者にとってはトリビアになる
- Twitterは無料で毎日できるABテスト。とにかく試行錯誤を

Q 企業アカウントとしてはやや後発ですが、開設のきっかけや目的は。

井村屋
imuraya

公式Ｔｗｉｔｔｅｒアカウントを開設したのが２０１２年の７月です。ロイヤルホストさんやゼビオさん、そしてＮＨＫ広報局さんといった企業アカウントがトップランナーとして話題になっていました。そんな中、私が「ＳＮＳをやりましょう」と提案して初代担当に就いたのが始まりです。運用部署は商品営業企画部（当時、業務用営業部）で、私はＥＣサイト「井村屋ウェブショップ」の開設、運営を担当していました。

開設の目的は、井村屋の社名をもっと広く知っていただくこと。「あずきバー」は商品認知度が高く、そこから井村屋という社名もひも付いて想起されるのですが、反対に井村屋の社名からは商品名がなかなか思い浮かばなかったりします。本社が三重県ということもあるかもしれませんが、東京ではまだまだ認知度不足を感じます。

当社の営業部員が日常業務で接するのは卸業者が多いため、取引先は井村屋の名前を当然知っています。その環境で仕事をしていると、一般消費者の認知度に対する意識が薄くなりがちです。私はＥＣで消費者向けの販売を担当していましたから、消費

一般消費者向けの直販サイトを担当していたことが、Twitter開設のきっかけに

者の認知度に敏感だったことが、アカウント開設のきっかけになりました。

Q 販促ではなく、認知度つまりブランディングに着目した理由は。

井村屋 imuraya **Twitterは「買って」と言ってそう簡単に買ってくれるメディアではないと思います。目指しているのは、「井村屋さん」とフォロワーの方から話しかけられるような、ご近所さん感覚の存在感、距離感です。**そんなコミュニケーションを続ける中で時折、自社商品についてもご紹介、ご案内していく。一方的な宣伝ではなく、「試食めっちゃうまかった」という感じですね。（第2話で登場する）新元号発表時に投稿したダジャレ「令和といえば冷和（冷凍和菓子）」も、井村屋には冷凍和菓子という商品カテゴリーもあることが頭の片隅に残ってくれたらいいな、という考えからツイートしたものです。

Q 「ご近所さん感覚」で消費者に響いたのはどんなツイートか。

井村屋
imuraya

開設当初は、コミュニケーション目的のアカウントという運用方針は決めたものの、手探り状態でした。**無料でできるABテストを毎日やっているんだと割り切って、どんな投稿が良い反応を得られるか、試行錯誤を続けました。**まずフォロワー数１０００人を目指し、２カ月で５００人になったのですが、５００人を超えたあたりから増加ペースが鈍ってきました。

そんな最初の壁にぶつかっていたとき、タイムラインを見ていたら赤城乳業さんの「ガリガリ君リッチ　コーンポタージュ」が話題になっていて、「温めたらコーンポタージュスープになるか確かめてみた」という実験記事がバズっていたんですね。そこで、あずきバーも温めるとぜんざいになることを豆知識としてお伝えしようと思いました。

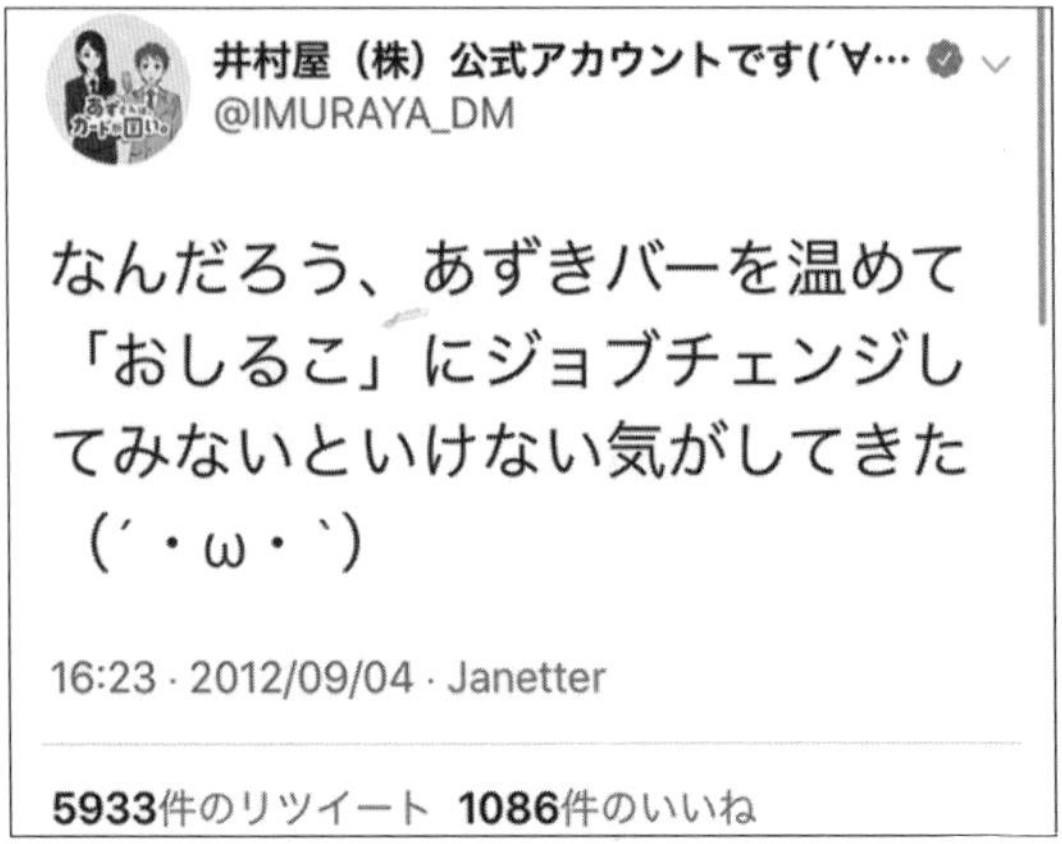

フォロワー数が500人から1万人超に増えた“奇跡のツイート”

ただ「なるよ」と言うだけでは味気ないので、こんなツイート（上）をしました。

ちなみに「ジョブチェンジ」は、スクウェア・エニックスの「ファイナルファンタジー」シリーズに出てくるキャラクターの役割変更システムのことです。

これが一晩でリツイート数が5000件を超えました。フォロワー数500人の10倍ですから驚きです。そこで翌日、実際に「あずきバーをレンジでチンしてみた」と実演して、ぜんざいになる過程をレポートしました。この一連のツイートで、500人だったフォロワーが1万人を超えました。

もともと、あずきバーという商品自体が、ぜんざいをそのまま凍らせてアイスにする

この一連のツイートで1万人のフォロワーを獲得した

というコンセプトなんです。**社内の人間にとっては常識でも、世間的には知られていない、サプライズだったりすることがあります。**それを貴重な投稿ネタとして、タイミングよく投入できたのが功を奏した格好です。

その後は、「あずきバーは固い」が井村屋の定番ネタになりました。「あずきバーでくぎが打てた（笑）」と話しかけられたり、こちらも「歯を痛めないように」と注意を促したり。なぜ固いかというと、無添加・無着色で素材を凍らせているためで、この商品特性をお伝えする機会にもなっています。

フォロワー数は19年6月に15万人を超え、引き続きご近所さん感覚でフォロワーと交

井村屋公式Twitterは、12年7月に開設。企業コラボも多数

流が続いています。フォロワー数を無理に増やそうとはしていません。要フォローが条件のプレゼントキャンペーンを繰り返せば増やせますが、プレゼント目当ての方を増やすより、当社と商品のことを気に入っていただいているファンの方々と交流を深めたいと思っています。

Twitterの鉄板ネタ、**エープリルフール**
あえて〝参戦〟しなかったワケを激白！

フォロワーや他企業とのコミュニケーションを重視し、“軟式”なツイートが話題の井村屋。その本領が発揮されるのが、4月1日のエープリルフールだ。毎年、面白ツイートでファンを沸かせる同社だが、19年は……。第2話は、Twitterの鉄板ネタであり、バズりが期待できるエープリルフールに“参戦”しなかった意外な理由を明かす。

井村屋 imuraya 「中の人」的運用の秘訣 2

- Twitterの大きなイベントにはできるだけ参加
- 世の中の空気感の変化をしっかり捉え、柔軟に対応する
- 単発のツイートで済まさず、リアルイベントも組み合わせる

Q 企業Twitterの鉄板ネタであるエープリルフール、19年に参戦しなかったのはなぜか。

井村屋 imuraya 色々考えましてね、実はやめたんです。継続するかどうかは18年の段階から議論があって、18年は実施しましたが、翌19年は見直そうと決めていました。

エープリルフールに限らずですが、大きなイベントには参加したほうがいいと考えて取り組んできました。エープリルフールって10年以上前には、企業ウェブサイトをガラッと変えてしまうような大掛かりなものがはやっていましたよね。あれは相当な予算をかけていたと思います。その後SNSが普及したことで、実施のハードルがだいぶ低くなり、当社としても取り組みやすくなったので、恒例行事として実施してきました。

16年は、井村屋を「井村屋」に〝社名変更〟して、その日1日、ツイートの末尾に「ドン」を付けて投稿する、なんてこともやりましたね。17年のネタは「猫専用のあずきバー『あずきにゃー』発売、ペットフード業界に参入」でした。

結果、フォロワーの皆さんには喜んでいただけたと思います。ただ同時に懸念点が

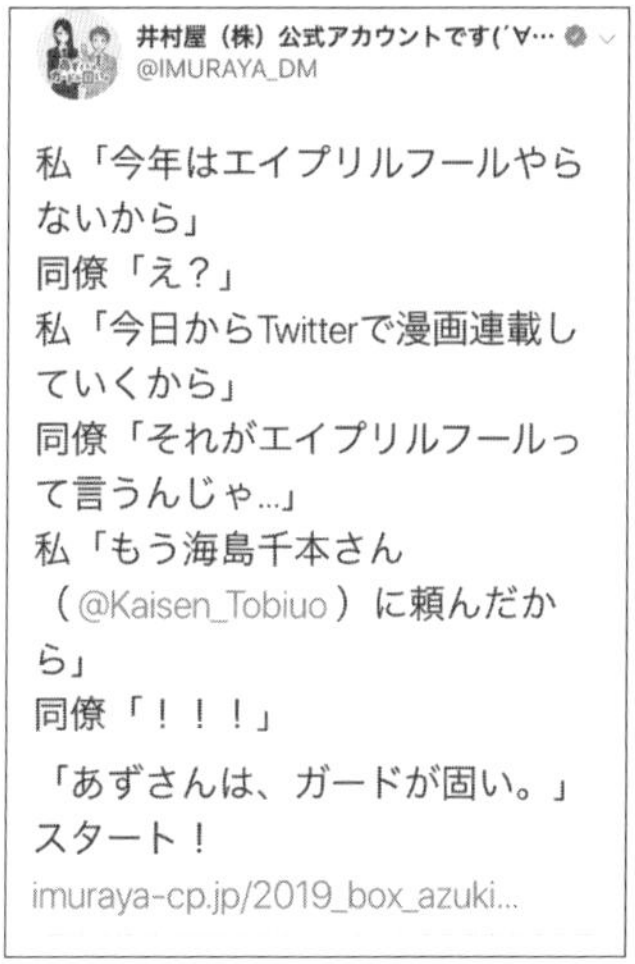

井村屋（株）公式アカウントです(´∀…
@IMURAYA_DM

私「今年はエイプリルフールやらないから」
同僚「え？」
私「今日からTwitterで漫画連載していくから」
同僚「それがエイプリルフールって言うんじゃ…」
私「もう海島千本さん（@Kaisen_Tobiuo）に頼んだから」
同僚「！！！」
「あずさんは、ガードが固い。」スタート！
imuraya-cp.jp/2019_box_azuki...

井村屋公式Twitterは、19年のエイプリルフールに“参戦”せず、週刊で漫画の連載を開始

2つ出てきました。

1つは、企業規模問わず個人も含めて簡単にSNSで参加できるようになったことで、〝ウソ〟があふれかえって注目を集めるのが難しくなってしまった。ウェブメディアやまとめサイトでまとめられますが、年々増える一方ですし、「#エイプリルフール」のハッシュタグを追っても大量に表示されて、自社のツイートが埋もれてなかなかたどり着けない。

もう1つは、エープリルフールそのものに対してネガティブな反応が出てきたこと。もちろん、どんな投稿にもポジティブ、ネガティブ両方の反応があるのは当たり前なのですが、「エープリルフール疲れ」と言い

ましょうか、「またやるの？」というネガティブな空気感が醸成されているように感じました。飽きもあるでしょう。4月1日は新年度に切り替わる日ですから、新体制・新組織のプレスリリースなど重要なお知らせもある。そんな日に〝ウソ〟が乱れ飛んでいる状況にイラッときている方も見受けられました。

Q 話題になる〝祭り〟への参加。やめるべきか、それとも続けるべきか。

井村屋 imuraya

18年の4月1日はちょっと趣向を変えて、「エイプリルフール動画リアル化計画」を展開しました。まず用意したのは、4月1日に配信する10秒弱のエープリルフール動画10本。「攻めの一手や糖分補給に『あずきバー将棋』」「どんなストーンも吹き飛ばす『あずきバーストーン』」「どんな激しいライブでも壊れない『あずきバーギター』」といった、〝あずきバーは固い〟を意識した面白動画です。

当社では毎年7月1日を「井村屋あずきバーの日」と定めて、近くの週末に全国のイベント会場であずきバーをサンプリングするキャンペーンを開催しています。そこに、あずきバーをかたどったギターなど、ウソだったはずのアイテムを実際に作って用意しました。ギターは音も出ます。「エープリルフールネタの実物があるぞ！」ということで撮影スポットとなり、イベント会場からツイート、拡散する流れをつくることができました。

イベントは盛況で、エープリルフール1日で終わらせずにリアルのイベントに絡めていく施策はうまくいったと思います。ですが、SNS上の全体的なエープリルフールに対する評価は、もう一段ネガティブに傾いているように見えたので、ならば翌19年はやめよう、と決めました。

ただやめるのではなく、4月1日はパッケージに付いているマークを集めて応募するとプレゼントが当たる、あずきバーキャンペーンの告知日でもあるので、キャンペーンを盛り上げていくスタートの日として、オリジナル漫画「あずさんは、ガードが固い。」を毎週投稿することにしました。漫画は、4、5コマで構成された1ページ読み切り型で、イラストレーター・漫画家として活躍中の海島千本さん（@Kaisen_Tobiuo）にお願いしています。

4月8日に第2話を掲載したことで、「あっ、漫画連載はエープリルフールじゃなくて本当なんだ」と改めて認識してもらえて（笑）、おかげさまで反響は上々です。あず

「令和＝冷凍和菓子」の当意即妙なツイートがウケた

きバーは購入者の中心が60代と年齢層の高い商品なのですが、この漫画を掲載してから30〜40代の購入がググッと伸びています。他にその世代向けの施策は特にしていないので、漫画効果だと思っています。6月30日に開催したサンプリングイベントでも、イベント会場に連載漫画をパネル展示しました。

結局、エープリルフールのために〝ウソ〟は用意していませんでしたが、ちょうど「新元号は令和」と発表があって、何か令和に絡めてダジャレが言えないかと考えました。ふと思いついたのが「冷凍和菓子」です。当社では、「おはぎ」「きなこおはぎ」「もっちり杵つき大福」「ふんわりどら焼」といった冷凍食品を製造・販売していて、「冷凍和菓子」というカテゴリーに分類しています。そこで、これらの写真を載せて、「関係者は略して冷和、つまり『れいわ』と呼んでいたとか呼んでいないとか。」とツイートしました。社内では本当に「冷和」と略して呼んでいるわけではなく、あくまでもダジャレですが（笑）。

特定アカウントと長く絡むのはNG

SNSトラブル回避のための4つのルール

世の中の空気感を敏感に捉え、19年のTwitterのエープリルフール企画に“参戦”しなかった井村屋。第3話では、日ごろの投稿に際してトラブルを未然に防ぐために実践していることを話してもらった。他企業と“絡みすぎない”など、独自に編み出した4つのルールは、Twitter運用をする企業にとって、まさに必読だ。

「中の人」的運用の秘訣 3

- 他アカウントとの会話は、だらだら続けず短めに切り上げる
- 起こり得るリスクをあらかじめ想定しておき、対策を打つ
- 会話するアカウントに関して、直近の投稿内容を確認する

Q タカラトミーさんなどとの交流が話題だが、どこまで他社と絡むべき？

井村屋 imuraya

ご存じでしたか（笑）。きっかけはもう5年前、15年の5月です。キングジム公式さんが「タカラトミーさんから、お荷物届きました。」とツイートして、その荷物の宛名が「株式会社キングジム　@kingjim　姉様」になっていたんですね。当時、キングジムアカウントは「姉」と「妹」の2人体制で運用されていました。

そこへ私が、「正しい漢字はこう『姐』ですよ。」と余計なツッコミというかチャチャを入れにいったところ、「井村屋さん、放課後に体育館の裏にお越しください」と呼び出しをくらった、という流れです。これに「井村屋さん、逃げて～」とか「むちゃしやがって……」などの反響がありまして、以来、私の不用意な発言から体育館裏に呼び出されて、回避のために何か貢物をするのがお約束のパターンになっています。

ただ、**他アカウントに対しては、企業アカウントであっても一般ユーザーのアカウントであっても、1、2レスで会話を切るように心掛けています。**「他社アカウントとの会話が面白い」と評価されたとしても、ダラダラ際限なくおしゃべりするのは違うと思うんです。「中の人」が集うイベントや「A社公式の職場に行ってきた」などの

井村屋公式Twitterの“失言”で体育館裏に呼び出されるお約束パターンが人気に

企画ものは別として、日ごろ常連アカウント同士がつるんでいたら、一般の方にとってその様子は奇異に映るでしょうし、疎外感を感じるでしょう。なので会話はスパッと切り上げています。

Q トラブル回避や、より愛されるためのマイルールは。

井村屋 imuraya

第1話でお話しした「あずきバーをレンジでチンするとぜんざいになる」の実験ですが、リスクとしては「食べ物で遊んでいる」とか「会社の在庫を勝手に持ち出して……」といったご批判、誤解は起こり得るかなと想像しました。そこで、温めるあずきバーは近くのコンビニで購入し、レンジでチンする場面の１つ前の投稿で、「準備中」の言葉と共にレシートの画像をアップしました。**リスクを想定して、打てる手は打ったほうがいいと思います。**

それから、他アカウントとの交流に際して。**一応プロフィル欄や直近の投稿内容を、ざっと軽くですが目を通してから会話をしています。**ヘイトスピーチを垂れ流していたり、過度に政治的だったりするアカウントを見極めるためです。「あの問題アカウントと井村屋が……」と指摘されたり、まとめられてしまったりするのは困りますからね。

あと注意が必要だと思うのは、ネットスラング。ネット上で使われる特有の隠語や俗語です。「おつかれです！」を「乙です！」、「ＹｏｕＴｕｂｅ」をローマ字読みして「ようつべ」といったあたりなら特に問題ないと思いますが、中には性的な内容が発祥だったりするものもあります。**当社は食品を扱う企業ですから、自社アカウントからそうした由来の言葉を発信するのは避けたいです。〝軟式〟の運用であっても、言葉選びは慎重でありたいですね。**

ツイートのエゴサーチで〝種〟を探す
「トリプルWIN」のコラボを生む秘策とは

第4話は、Twitterがきっかけになって生まれた他社とのコラボレーション企画を振り返る。社を挙げて他企業とのコラボを推進している井村屋は、Twitterでも共同企画を連発。ただ、偶然から始まった企画も多々あるという。なぜ井村屋のコラボは盛り上がるのか、ファンに愛されるのか、その成功の秘密に迫った。

「中の人」的運用の秘訣 4

- 自社キーワードを“エゴサ”して、スルーせずに反応する
- 「あずきバーは固い」など、自社のイメージを大事に温める
- コラボは相手企業、消費者、自社のトリプルWINが大前提

Q 他社とのコラボを連発していますが、その狙いや注意点は。

井村屋 imuraya

企業規模的にも予算的にも、自社だけで何でもできる大企業ではないので、企業間コラボレーションは社としても重要テーマに掲げて取り組んでいます。キャンディ「パインアメ」を販売しているパインさんと組んで「パインアメアイス」を作ったり、偶然、人気ラジオ番組で「あずきバー」の話が出たことをきっかけに番組とのコラボで「ゆずあずきバー」を発売したり、色々手掛けてきました。岐阜県の関市とのコラボも偶然から始まっていますね。

これは15年2月の話になりますが、とあるフォロワーの方が鍛冶職人が刀を作っているシーンの写真をアップして、それに「伝統的なあずきバーの製法」というコメントを付けてツイートされていました。フォロワーとの間で合言葉になっている「あずきバーは固い」を意識した、シャレの効いた投稿です。

このツイートに対して、「社外秘が漏れてしまった… RT @〜」とツイートしたところ、いい感じでウケて3万8000件以上リツイートされまして、「どうりで固いわけだ」などたくさんのリプライをいただきました。

伝統的なあずきバーの製法?(画像／関市観光協会)

そのリプライの中に、「この写真は関市のホームページ上にある画像を投稿者が引用したものですよ、いいんですか？」とご指摘がありました。引用リプライでツイートしていたため、自社ツイートにその画像が載る形でしたので、関市のサイトにアクセスして観光情報のページでその画像を見つけ、「事後連絡で恐縮ですが、このような形で投稿させていただいています。もし問題がございましたら～」と連絡を取りました。すると即「大丈夫ですよ」と返信があり、ご指摘いただいた方にもお伝えした、という経緯がありました。

　このやり取りでＴｗｉｔｔｅｒの盛り上がりが関市の「中の人」にも伝わり、ツイートから2日後には関市長から直々に「関市長です。関市を宣伝いただきましてありがとうございます」とリプライをいただきました。40代の市長さんで当社より早くからＴｗｉｔｔｅｒを利用されていて、理解があったんですね。

そこから関市と交流が始まりました。４月に関鍛冶伝承館で開かれた「古式日本刀鍛錬実演」の会場で、あずきバー１００本を見学者に無料配布。当社側も販促キャンペーンの景品として関市産の高級はさみを採用する、といった内容です。当社の会長が関市役所を訪れて市長と懇談し、また市長が上京時に東京の当社事務所にお立ち寄りいただいたこともありました。

また、期間限定でしたが、関市のふるさと納税への返礼品として、市の特産品にあずきバー４種類の食べ比べセットを付けて贈ったこともあります。その年はふるさと納税額が前年比でグンと増えたそうです。翌16年9月には、関市が名古屋で「関市刃物まつり」のＰＲイベントを開いた際に「関鍛冶ＣＡＦＥ＆あずきＢＡＲ」を関市が出店し、井村屋があずきバーを提供、あずきバーを使用した料理や飲み物を関市が提供しました。固いもの同士、固い絆で結ばれた、ということですね。

18年秋には、「どっちが固い？ 新幹線車内販売でおなじみのスジャータアイスvsあずきバー 1年分」というプレゼント企画がありました。これは新幹線のネット予約・チケットレス乗車サービス「スマートEX」の開始1周年キャンペーンで、JR東海（東海旅客鉄道）さんとJR西日本（西日本旅客鉄道）さんが企画したものです。お堅い企業がビックリですよね（笑）。

Q ファンに喜んでもらうコラボ企画を立ち上げるために、必要なことは何か、そして成功の秘訣は。

井村屋 imuraya

ユーザーのツイートに気付かずスルーしていたら、このような多数のコラボ展開はありませんでした。**あずきバーや井村屋を含むツイートはリアルタイムで拾うようにエゴサーチして、隣のモニター画面に表示させて仕事中チラチラ見ているので、ちょうど目に留まりました。**元画像についてのご指摘も、見落としていたら関市との交流は始まらなかったかもしれません。

そして、「あずきバーは固い」というフレーズを、Twitterユーザーとのコミュ

あずきバーには他社とのコラボ企画が舞い込む（画像は、タカラトミーアーツ「おかしなかき氷 井村屋あずきバー」）

ニケーションワードとして大切にしてきたこと。これが結果としてコラボのお声がかかるきっかけになっています。

タカラトミーアーツさんから発売されている、あずきバーを削ってかき氷にできる「おかしなかき氷 井村屋あずきバー」もその一例です。クッキングトイのシリーズですが、既に赤城乳業さんの「ガリガリ君」を削ってかき氷にする商品が出ていて、第2弾商品として〝削るもの〟を探していたそうです。そこで「アイス 固い」で検索したら、あずきバーが上位に表示されて、打診があり、商品化に至りました。言い続けることで、「固いアイス＝あずきバー」になるんですね（笑）。

コラボ企画が成功する秘訣は、井村屋と組むことでパートナー企業や自治体・団体にとってメリットがあること、見ている一般消費者の方々にとって面白い、欲しくなるような楽しさがあること、それが当社にとってもメリットになること。この三者がトリプルＷＩＮになるような、「三方よし」の形を作ることですね。

Ｔｗｉｔｔｅｒは、ふとしたことをきっかけにあっという間に企画が進む爆発力を持っています。Ｔｗｉｔｔｅｒをやっていなければ始まらなかった、実現しなかったであろうことがたくさんあります。「中の人」という仕事の醍醐味です。

5

タカラトミー

@takaratomytoys

「中の人」

「トミカ」「プラレール」「リカちゃん」……。
超ロングセラー玩具を数多く手掛けるタカラトミー。
公式Twitterも玩具メーカーならではの
遊び心あふれるツイートが満載だ。
フォロワーは32万人を突破し、なお成長を続ける。
「中の人」のピンチをフォロワーが皆で救うなど、
絆の強さ、愛着の強さにも驚かされる。
ファンにも他社にも愛されるタカラトミーの
「巻き込み力」「企画力」の神髄に迫った。

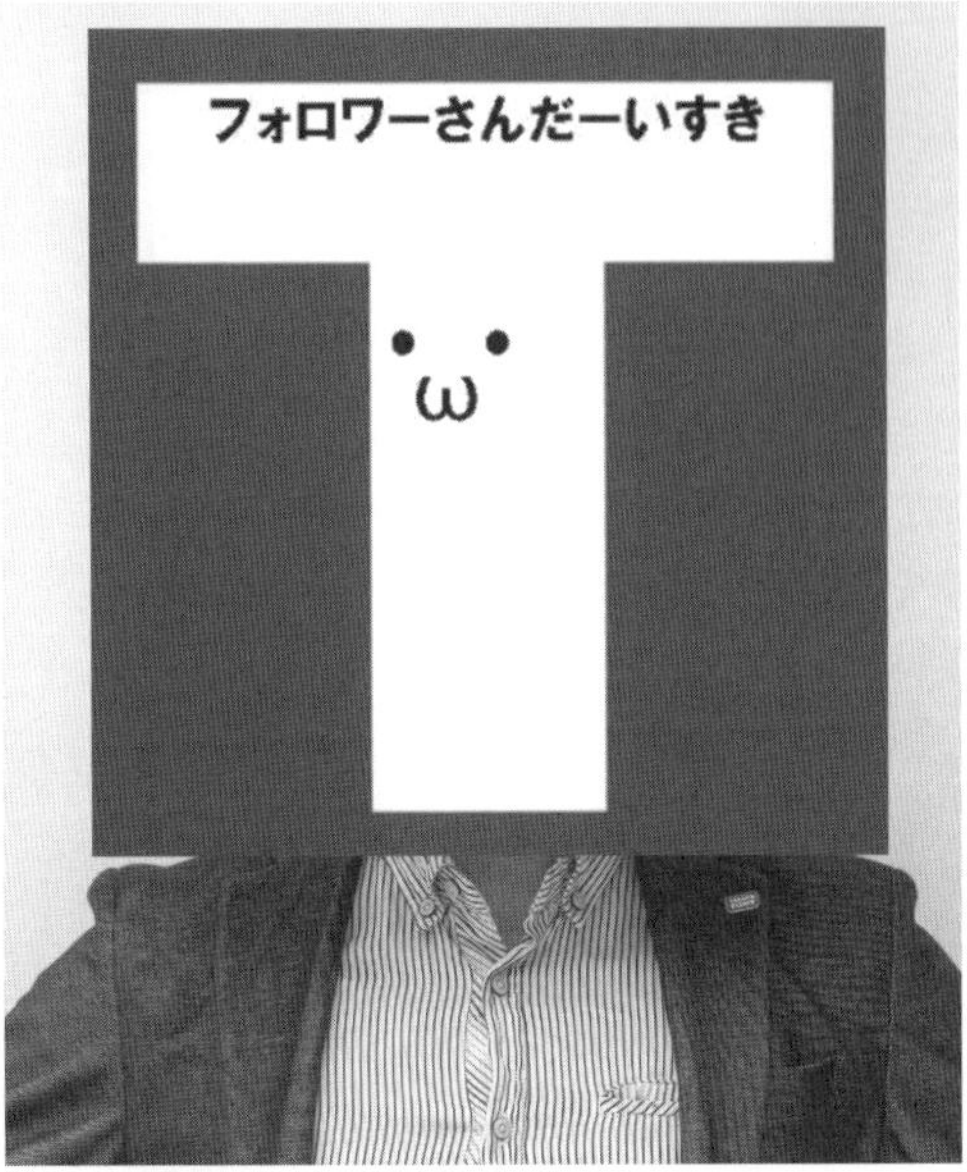

山形生まれのおもちゃ・ホビー大好き社員。2014年に新設のウェブマーケティングの部署の公募に立候補して異動したのちに、ウェブマーケティング/プロモーションを担当する。現在は、テレビや雑誌などのマスメディアとSNS運用を中心としたデジタルメディアの宣伝/プロモーションに従事。14年4月からSNS担当。趣味は野球観戦、日本酒、ボードゲーム。好きなことは、まだ知らない世界を体験すること

〝ド素人〟からトライアンドエラーで人気アカへ ファン激増の「24時間嘘マラソン」って何だ

「トミカ」「プラレール」「リカちゃん」などのおもちゃの製造・販売で知られるタカラトミー。クリスマス時期の投稿では、「中の人」自らがサンタに扮(ふん)してプレゼントを担ぐ姿を披露するなど、遊び心のある投稿がファンの人気を集めている。玩具メーカーとしてのTwitter公式アカウントの位置付け、そして狙いを聞いた。

「中の人」的運用の秘訣 1

- 試すのはタダ。トライアンドエラーを繰り返し、ヒットを狙う
- 文字を詰め込み過ぎず、伝えたいことを冒頭で簡潔に書く
- 人気企業アカウントが参加するイベントには乗ってみる

Q フォロワーと積極的にコミュニケーションを取るのが印象的ですが、始めたきっかけや狙いは。

タカラトミーの公式Ｔｗｉｔｔｅｒアカウントの開設年は２０１０年で、私自身が担当したのが14年の秋からになります。それ以前の公式Ｔｗｉｔｔｅｒは、投稿頻度は高くなかったですし、リプライでコミュニケーションを取るスタイルでもなく、お知らせを一方的に配信していたように記憶しています。

私は入社後、フィールド部という部署に配属され、おもちゃ専門店や量販店に出向いて店長さんとお話しして、他社商品も含めて売れ筋の商品の調査・分析をしたり、また実際に店舗と、例えば「ベイブレード」や「トミカ」などの販促キャンペーンを企画して棚の位置を考えたり、といった仕事をしていました。店頭実演もやりましたね。売り場は消費者に一番近い場所なので、お客様の声からおもちゃの魅力を学ぶこともありましたし、どこを訴求すればお客様に魅力が伝わるのか、そのポイントもつかめてきました。幅広い商品知識も必要なので、とても勉強になる部署でした。

その頃ちょうど、社としてウェブのマーケティングやプロモーションに力を入れよ

フォロワー数32万人を超えるタカラトミーの公式Twitter

うということで、部署を新設しようとしていました。社内公募がありまして、それに立候補した格好です。

立候補の動機は、Twitterの活用というよりは、「YouTuberを活用したい」ということでした。「YouTuberを起用したプロモーションを企画してみたい」「社内YouTuberを作ろう」「ドラマ仕立ての動画を作れないか」など。あと、おもちゃ・ゲームで遊んでいるシーンをニコニコ生放送でライブ配信するのはどうだろう、といったアイデアを考えていました。

なので、公式Twitterの「中の人」になりたい！という立候補ではなかったんです。個人のアカウントは持っていましたが、人並みに知っている程度。「ハッシュタグってなんで付けているのかなあ?」ぐらいでした(笑)。

Q「中の人」を担当して間もない頃に、苦労したことは。

毎日、ツイートしては反応を見て修正していく日々でした。「このツイートよりもこっちが反応が良かったから、このフォーマットで投稿してみよう」「この時間帯はリツイートが伸びやすいから、そこに目玉の投稿を持ってこよう」とか。**試すのはタダですから、無料でテストしながら、トライアンドエラーを繰り返すことで、徐々に投稿スタイルが固まってきた感じです。**

やはり頭から文字が何行も詰まっているとそのままスクロールされてしまいがちなので、まずこの投稿は何のお知らせなのかをタイトル風に見せたり、適宜改行を入れたりしています。あと強調したい、注目してほしいポイントは吹き出しを使ったり、アスキーアートを入れ込んだり。あれもこれもと詰め込み過ぎずに、目に留まりやすい文字数に抑えて、クリック(タップ)したくなるようにしています。

投稿の趣旨がすぐに伝わるように見せ方を工夫している

Q 「これで手応えをつかんだ」「〝開眼〟した」という出来事は。

15年4月のエープリルフールで企画した「24時間嘘マラソン」ですね。**人気企業アカウントがそろって参加するイベントには乗っていこう**ということで、部署のメンバーとアイデアを練り、当日0時から毎時、計24個の〝ウソ〟を考えて投稿しました。一発目の「社名ロゴを、黒字決算発表の翌期は黒に、赤字決算発表の翌期は赤に」というロゴ変更のお知らせがウケまして、その年の企業エープリルフールでトップクラスのリツイート+リプライがありました。

15～17年のエープリルフールに、「24時間嘘マラソン」を実施

24個のウソを一覧できるまとめサイトが作られ、ウェブニュースメディアでも多数取り上げられて、フォロワー数を大幅に増やすことができた企画でした。ウソを素材まで含めて24個考えて準備するのは本当に大変なのですが、ご好評にお応えして、翌16年、17年まで3回、実施しました。

16社が参加した令和版「人生ゲーム」
驚異の巻き込み力がコラボを生む

第2話は、社内外の協力を得てフォロワーに楽しんでもらいながら自社商品PRにもつながる斬新企画について直撃する。ハロウィーンの特別企画では、何と10社もの「中の人」が協力。たくさんのファンが熱狂した。具体的な事例から、他社公式Twitterとのコラボレーション成功の方程式をひも解いた。

「中の人」的運用の秘訣 2

- 双方向のコミュニケーションを重視し、安心・信頼を確立
- リアルのセミナーに参加し、他社「中の人」と直接つながる
- 参加することにメリットのあるイベントを他社に提案する

Q ユニークな企画やコラボイベントを成功させるために必要なことは。

大切なのは、仲間づくりですね。自分だけ、所属部署だけでできることは限られています。企画を実施するに当たっては色々お願いごとや段取りの調整が必要になります。これは社内、社外問わずそうです。

依頼、調整がスムーズに通るようにするには、やはり公式アカウント発の投稿に影響力があって、協力したくなる、メリットがある存在でなければいけません。そもそもメーカーの公式アカウントですから、運用の目的として、商品の売り上げに貢献するものであることも意識しています。

そこで「中の人」として意識して取り組んでいることは3つ。

1つ目は、どこよりも早く最新情報を提供すること。
2つ目は、双方向のコミュニケーションに注力すること。
3つ目は、毎日更新すること。

基本的にＳＮＳは個人間のコミュニケーションを楽しむ場で、一方的な宣伝は場違いです。それを踏まえたうえで、**Ｔｗｉｔｔｅｒらしいユーザーとの双方向コミュニケーションを軸に、便利で安心、信頼されるメディアを目指しています。**

Q どのようにして社外の「中の人」とつながるのか。

リアルのセミナーや勉強会に出向いて名刺交換をしてお話ししたり、そこからさらに他社の「中の人」をご紹介いただいたりして、同業の方との接点を広げていきました。やはり一度直接会ってお話しすると、その後のオンラインのやり取りも深みが増します。**お会いすることで、「中の人」の個性や好みも見えてくるので、「こんな企画なら乗っていただけるのではないか」といったイメージも描きやすくなります。**

他社の公式アカウントとコラボして企画したのが、15年10月のハロウィーンです。1日で10社の「中の人」を訪問して景品を提供していただくものです。樽（たる）に短剣を刺すと海賊が飛び上がる玩具「黒ひげ危機一発」の発売40周年記念商品として、「ワルひげ危機一発」を発売したタイミングだったので、それを持参して各社を訪問し、

黒ひげ対決しながら1日10社を渡り歩くハロウィーン企画

各社の「中の人」に剣を1回刺してもらって、「ワルひげ」が飛ばなかったら景品をもらう。ワルひげが飛んだら、それまで獲得した景品をすべてお渡しする。最後に手元に残った景品をフォロワーの中から抽選で1人にプレゼントする、というルール設計をしました。

景品をくれないとイタズラしちゃうぞというもので、山芳製菓さんから「わさビーフ」、井村屋さんからは羊羹（ようかん）という具合に、各社の景品を紹介しながら回り、6社目のぺんてるさんがワルひげを飛ばして手持ちの景品がなくなりましたが、4社の景品をフォロワー向けのプレゼントに回すことができました。

10社目で飛ばされたら景品ゼロですが、あえてガチ勝負で臨みました（笑）。1日で10社回るのはかなりタイトで、想定より時間は押しました。9社目のセガさんの本社（当時は東品川）を間違えて旧本社所在地の羽田（京浜急行の大鳥居駅）に向かってしまい、時間の都合でお会いできないハプニングもありました。そのツイートを見ていた10社目のタビオさんはわざわざ品川駅まで出向いていただいて、品川駅をバックに樽に剣を刺すというシュールな写真になりました。

おかげさまでご好評いただいたため、翌16年のハロウィーンでは「ベイブレード」で対決。17年はスマートフォン用プリンター「プリントス」を持参し、お題に合った写真を出し合って、Ｔｗｉｔｔｅｒ上の投票で勝負を決める企画を実施しました。

Q アカウントの認知度が高まれば、社内での協力者も増えてくるのでは。

第1話でお話しした「24時間嘘マラソン」や今挙げたハロウィーン企画は、私が所属していた部署が発案し、各玩具ブランドの担当者に相談に出向く形でしたが、最近は担当者側から「次回もやりましょう」「こんな企画できませんか?」と持

どうぶつお絵かきコンテストは、一般部門や「中の人」部門の入賞作品を中心にリアルの展示会も開催

ちかけられるケースが出てきました。

　例えば、ビスケット菓子「たべっ子どうぶつ」のギンビスさんと当社の動物フィギュアシリーズ「アニア」のコラボで15年から実施している「どうぶつお絵かきコンテスト」（18年からぺんてるも加わり現在は3社共同企画）。こちらはＴｗｉｔｔｅｒ発の企画ではなく、両社のコラボ企画を告知する立場でした。が、一般部門の他に「中の人」部門を設けて10社にご協力をお願いしたところ、回を重ねるごとに参加企業が増え続け、ウェブニュースでも多数取り上げていただけるイベントになりました。「アニア」の検索数がイベント開催中だけでなく通年でも増加し、商品認知経路でもＳＮＳ経由

令和版の「人生ゲーム」発売に際し、16社の「中の人」が人生ゲーム大会に参加

が伸びていることから、「また来年も！」ということで、すっかり夏の定番イベントになっています。

「人生ゲーム＋（プラス）令和版」の担当者からは、「企業の『中の人』にお声がけして遊んでもらえないだろうか」と打診があり、実施に至りました。令和版の人生ゲームには定番アイテムのお札がなく、ゲームのコンセプトは「目指せ ＴＯＰ ＯＦ インフルエンサー！」。フォロワー集めを競うゲームになっています。各社の「中の人」が集って遊ぶにはピッタリのゲームです。当社含め16社が参加し、４グループで予選を行い、井村屋さん、三井住友カードさん、花王アタックさん、そして当社が勝ち抜きました。優勝は……？　「Ｔｏｇｅｔｔｅｒ」にまとめ記事がアップされているので、ご興味のある方は「中の人令和版人生ゲーム大会」で検索して、試合経過をお楽しみいただければと思います。

当社は様々な玩具を取り扱っていますが、やはり大勢が参加して遊ぶことの楽しさは格別なので、企画を通じてそれをお伝えできたかなと思います。

トレンドワードと自社の関連性を常に模索
驚きの〝乗っかり力〟にファンが熱狂

エープリルフールに仕掛けた「24時間嘘マラソン」や16社を巻き込んだ「令和版人生ゲーム」といったコラボ企画を成功させてきたタカラトミー。旬な出来事やTwitter上のトレンドを捉えてタイミングよく“便乗”し、露出へとつながった事例も多い。第3話は、ファンが喜ぶトレンドへの“乗り方”のコツについて聞いた。

「中の人」的運用の秘訣 3

- 「今日は何の日」など、準備できるコンテンツはしっかり準備
- 決まったフレーズを使い続けることで、コラボに発展することも
- 社内の協力を最大限に得られるようにし、対応の幅を広げる

Q 令和2年目の年明け早々にも投稿がバズったが、旬なネタをどう取り込んでいるのか。

アニメ「新幹線変形ロボ シンカリオン THE ANIMATION」の劇場版『新幹線変形ロボ シンカリオン 未来からきた神速のALFA-X』が19年12月27日に公開になりまして。その中で、登場人物がタイムリープというかタイムスリップする場面があるんですね。そこで、令和2年は平成のままなら32年、昭和だと?と考えているうちに出来上がったのがこちらです（次ページ上）。

19年11月に投稿したクリスマスネタが、リツイート5万8000件、いいね16万3000件で群を抜く過去最高記録だったのですが、この元号ツイートもリツイート3万件、いいね7万4000件と好評でした。

リプライも300件近くあって、「明治から来ました」「免許の更新が平成36年だった」「大化だと何年?」という具合にフォロワー同士でも盛り上がっていました。「宝富ー28年から来ました」というリプライもあって……。分かりますか? タカラトミーです（笑）。自分でも気付いていなかったこうした反応はうれしいですね。漢字にする

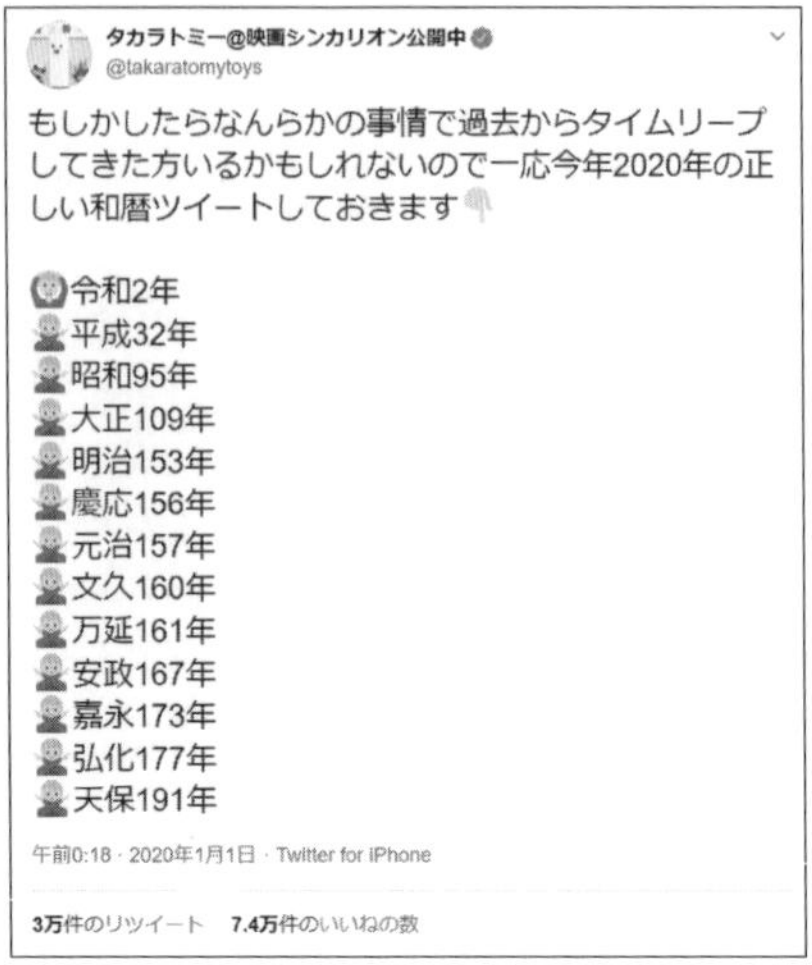
タカラトミー@映画シンカリオン公開中
@takaratomytoys

もしかしたらなんらかの事情で過去からタイムリープしてきた方いるかもしれないので一応今年2020年の正しい和暦ツイートしておきます

令和2年
平成32年
昭和95年
大正109年
明治153年
慶応156年
元治157年
文久160年
万延161年
安政167年
嘉永173年
弘化177年
天保191年

午前0:18 · 2020年1月1日 · Twitter for iPhone

3万件のリツイート　7.4万件のいいねの数

令和2年元日のツイートは
リツイート3万件超

となかなか縁起が良さそうな社名なので、漢字ではないですが弊社ロゴをスマホの待ち受け画面用にアップしました。早速設定してくれたフォロワーさんもいて。ご利益があるといいですね。

新元号発表日の19年4月1日。この日に新元号が商品名に入る「人生ゲーム」を発表して、6月に発売することは決まっていました。そこで、新元号の発表と同時にゲームタイトル部分の画像を制作し、官房長官が額縁を掲げてから3分後の11時44分に、「人生ゲーム＋令和版」発売！の告知ツイートをすることができました。

4月1日だったので「エープリルフールですよね？」と勘違いされましたが、同時

「令和」発表の3分後に令和を名乗る新商品を発表

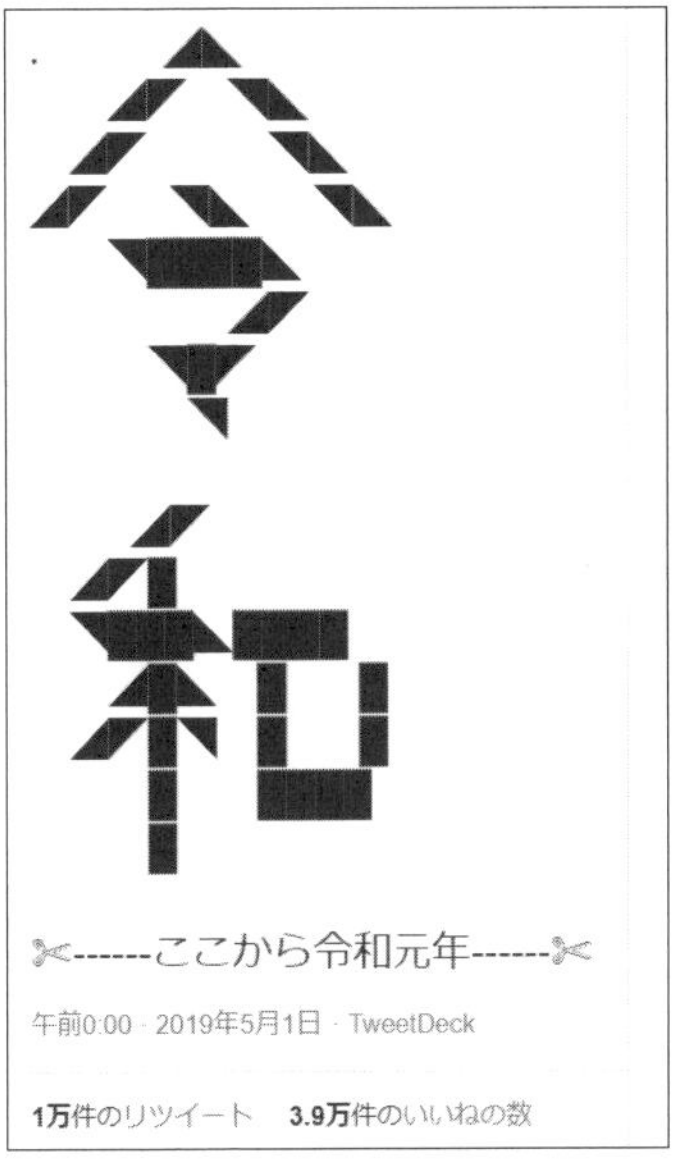

19年5月1日0時の新元号切り替えタイミングで投稿

公開したプレスリリースを基に書かれたニュース記事がメディアから配信されると、「ガチだった!」とサプライズの投稿が広がっていきました。当日午後には東京・渋谷で、印刷したての「令和」シールを貼った新商品を先着100名様に無料プレゼントするキャンペーンも実施し、最初の「令和グッズ」としてメディア露出することができました。

令和に切り替わる5月1日の0時には、毛筆風のアスキーアートで令和と書いて、「ここから令和元年」と投稿したところ、こちらもリツイート1万件、4万弱のいいねをいただきました。令和とは相性がいいですね(笑)。

Q 偶然のトレンドをうまく捉え、バズ化するために必要なことは?

どんな絵柄(投稿)だったら楽しんでもらえるか、常日ごろ知恵を絞っていますが、それでも「今日は何の日」などは予定が決まっているので、あらかじめ準備できます。やはり難しいのは突発的に起きた出来事や話題への対応ですね。準備しておくことができないので。

てぃーってぃってぃーってぃってぃってぃてぃー！
てぃーってぃってぃーってぃってぃってぃてぃー！

#TTT兄弟

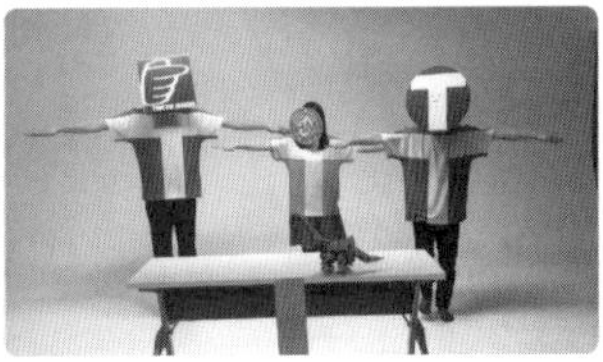

てぃーっ！てぃてぃーっ！てぃってぃってぃてぃー
っ！！！

#TTT兄弟

ほっともっと、東急ハンズとトリプルT兄弟を結成

うまく盛り上がった例としては、18年9月にお笑いコンビのチョコレートプラネット（チョコプラ）さんが、日本テレビ系「有吉の壁」で披露した「TT兄弟」に関連するものがあります。「世の中にあるT（ティー）を探す」というネタで、両手を広げた〝T字〟ポーズで「ティーティー」と連呼する芸が大いにウケていました。私、ちょうど番組を見ていまして、「TTって、タカラトミーだーー！」って（笑）。

翌日、T字の当社ロゴ画像と共に「てぃー！てぃてぃー！てぃってぃってぃてぃー！」と投稿したところ、番組を見ていたフォロワーさんが多数リツイートしてくれて、続けて投稿した「末っ子でいいから私もTT

兄弟入れて欲しい」というツイートを、チョコプラの長田庄平さんが引用リプライの形で返してくださったんですね。

その後も何かと「ティーティー」とツイートしたり、ほっともっとさん、東急ハンズさんと3社で〝ＴＴＴ兄弟〟の動画を収録・公開したりしていました。

そして、チョコプラのお2人には「ベイブレードバースト」のテレビＣＭに出演していただくことになりました。ＴＴ兄弟がベイブレードをしながら「ベイブレードバースＴ（ティー）」とＴ字ポーズで決めてもらう内容です。私も収録現場に立ち会って、ＹｏｕＴｕｂｅ用に、ＴＴ兄弟とタカラトミー（ＴＴ）の「中の人」がベイブレードで対決する企画も実現しました。たまたまテレビを見ていたことがきっかけで仕事につながり、共演にまで至ったのはうれしかったですね。

以前、Ｍ－1グランプリに登場したお笑いコンビ（タイムマシーン3号さん）が、「太る言葉vsやせる言葉」対決というコントの最後にやせる呪文として「バルス」ではなく「タニタ」と唱えて、それをタニタさんが上手に企画に生かしていました（数日後にテレビ放映される映画『天空の城ラピュタ』で、「タニタ」ツイート数が「バルス」ツイート数に勝ったらラピュタ関連グッズ開発、負けたら社名を1日「バルス」

ノーベル賞の話題にも即応

に変更。結果、負けて1日社名変更）。それを当時は羨ましく思って見ていましたが、ＴＴ兄弟については当社にチャンスが巡ってきて、それを生かすことができたかなと思います。

また、「イモトのイモート（妹）」としてサプライズトイ「Ｒｉｚｍｏ（リズモ）」のＣＭに出演いただいているイモトアヤコさんのご結婚発表があったときは、リズモのＣＭメイキング動画と共にお祝いメッセージを投稿して、それにイモトさんからリプライがありました。これは実にＴｗｉｔｔｅｒらしいコミュニケーションだなと思います。

さらに、吉野彰さんのノーベル化学賞受賞が決まった際は、商品担当者から「吉野さんが開発したポリアセチレンを使ったリチウムイオン電池があるから、この超小型ラジコンを作れた」という話を聞き、即座に感謝とお祝いのツイートをしました。ノーベル賞のような、日本中がその話題一色になるようなトレンドが上がったタイミングで、「そうなんだ！」と思っていただけるような情報を提供できたのは良かったと思います。**当意即妙なツイートをするには、トレンドワードを見て自社に関係することはないか、社内の協力も得ながら反射神経を磨いていく必要があります。**

タカラトミー130新商品解禁で告知危機
救ったのは、**熱いフォロワー**たち

遊び心のある投稿に加え、他社とのコラボや限定企画で話題を呼ぶタカラトミー。フォロワーは何と32万人を超える。だが、驚くのは数だけではない。フォロワーの熱さ、熱狂ぶりは公式アカウントの中でも際立つ。そのフォロワー熱が具現化したのが、19年1月の出来事。「中の人」の危機に、ファンたちが立ち上がった。

「中の人」的運用の秘訣 4

- リプライは重要。ツイートの優先順位を決めてツイートする
- 日々のリプライで築いたフォロワーとの絆を大事にする
- フォロワーが大台を突破した際などに、イベントを企画してもてなす

Q フォロワーが30万人を突破。どのようにして関係を構築してきたのか。

多くの方が読んでくださるのは、ありがたいことです。ツイートには自分なりに優先順位を付けて、優先度（左）の高いものから取り組むようにしています。

1. 日常のリプライ
2. トレンドツイート
3. 他社コラボ企画
4. 商品宣伝ツイート
5. 広告投稿

という具合です。

1日だいたい10ツイートぐらい60~90分間隔を目安に投稿していますが、多忙で投稿がままならない日でも、リプライは欠かさず返すようにしています。**Facebook、Instagram、TikTokとSNSは色々あっても、Twitterほど手**

軽に双方向のコミュニケーションが可能なツールはないので、「中の人」としてその特徴を最大限活用したいと思って取り組んでいます。

トレンドツイートは、第3話でお話ししたハッシュタグで上位に上がってくるトレンドワードへの対応ですね。突然浮上したハッシュタグに乗せられる話題があった場合、そのハッシュタグが盛り上がっているうちに投稿したほうがいいので優先度は高くなります。

次いでフォロワーさんにお楽しみいただける他社とのコラボ企画を進めること。もちろん、タカラトミーのアカウントをフォローする動機として商品情報を知りたいというニーズがあると思うので、いち早くご紹介します。ただ一方的な宣伝投稿アカウントではないということが、この優先順位からご理解いただけるかと思います。

アカウントのアイコンに「フォロワーさんだーいすき」と書いている通り、フォロワーさんとの交流を大切にする、楽しんでいただくことを重視してきた自負はあります。

Q フォロワーさんとのやり取りで印象深い出来事は？

フォロワーさんが新商品告知のお手伝いをしてくれたことですね。約1年前、19年1月末の出来事です。新商品の情報解禁が集中する日が年に何回かあるのですが、その日は1日で130個もの新商品が一斉にリリースされました。「5分に1回ツイートしないと今日中に終わらない…(:3_ヽ)_」「もうダメだぁ…(:3_)=」と弱気モードのツイートをしまして。実際のところ一つずつ自分がツイートしていくより、通販サイト「タカラトミーモール」を見てもらったほうがいいんじゃないかと思ったんですね。そこでモールのURLを載せて、「#タカラトミー告知お助け隊」で思い思いに宣伝ください」とお願いツイートをしました。それをリツイートさせていただこうと。

どれくらいご協力いただけるか見当もつきませんでしたが、お昼にお願いして夕方には300件を超えるツイートがありました。フォロワーの皆さんが率先して宣伝してくれて、なんて優しい世界なんだって、感動しましたね。ハッシュタグ自体がトレンド入りしてニュースにもなる、予想外の展開でした。

フォロワーへのSOSツイートからタカラトミー支援の輪が広がった

他社の「中の人」も協力してくれました。阪急電鉄さんが新幹線のプラレールを紹介してくれて、ＪＲの車両だけど大丈夫かな？　すごいなって（笑）。

自社商品に絡めながらの紹介も面白かったですね。誕生50周年イベントをちょうど終えたリカちゃんアイテムを選んだ亀屋万年堂さんは、「#ナボナもおかげさまで50年以上愛され続けております」というハッシュ付き。動物フィギュア・アニアのコビトカバ親子を選んだドクターシーラボさんは、動物園でのカバの保湿ケアについての豆知識を披露。メンズファッション通販「Ｄｃｏｌｌｅｃｔｉｏｎ」さんは「スター・ウォーズ」のフィギュアをコーディネート解説風に紹

大いに盛り上がった「タカラトミーフォロワーさん感謝祭」

介してくれました。

何かプレゼントが当たるわけでもないのに、また宣伝投稿は嫌われることもあるのに、「タカラトミーが困っているみたいだから宣伝を助けてあげよう」という関係がつくれたのは、これまで運用してきて一番うれしかったことですね。

もう一つ、フォロワーとの関係で印象に残っているのは、フォロワー20万人突破を記念して開催した「フォロワーさん感謝祭」ですね。18年7月に到達して、10月に東京・神楽坂のカフェを貸し切って開催しました。フォロワーさん約80人をご招待して、イタリアンビュッフェ形式でお食事をして、当社商品が当たるクイズ大会をして、花火を打ち上げて……。ちょうど川辺だったので。

初めての企画だったので、そもそも来てくれるのか、盛り上がるのか心配していたのですが、約1300人の応募があり、また当日もほとんど初対面にもかかわらず盛り上がってくれて、あっという間の2時間でした。会の様子はどんどん写真を撮って投稿して！（写真を撮らないことは禁止、何かしらツイートしないと会場から出られないという噂）とお伝えしていたので、リアルタイムに「#タカラトミーフォロワーさん感謝祭」のハッシュタグ付きツイートがたくさん投稿されました。終了後に参加者同士で2次会に行かれたようで、公式Twitterをきっかけにコミュニティーが生まれていることを実感できて、やっててよかったなと感慨深いものがありました。

Q ファンとの交流として、他に取り組んだ企画は？

フォロワー10万人突破記念として、プレゼントキャンペーンと、あともう一つ、「タカラトミーアイコンメーカー」を公開しました。T型ロゴの上に最大12文字まで自由にテキストを入力できて、背景画像や顔の表情も選べる、世界に一つだけ

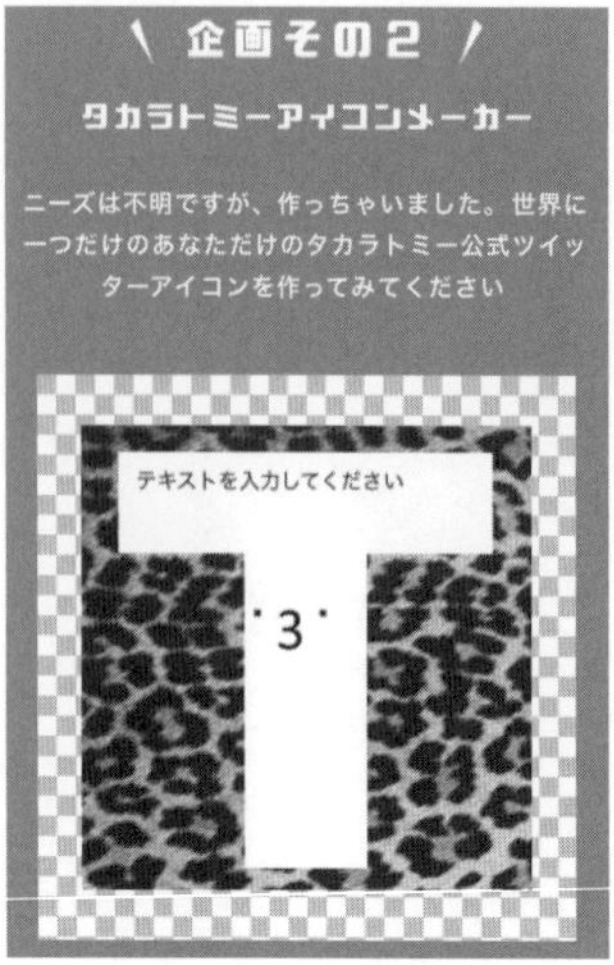

アイコンメーカー公開翌日、アイコンが四角から円形にまさかの変更

のオリジナルタカラトミー公式Ｔｗｉｔｔｅｒアイコンを作れるツールです。ところが公開翌日、Ｔｗｉｔｔｅｒにアクセスすると、前日まで正方形だったアイコンが仕様変更で円形になっていました。17年6月のデザインリニューアルで、アイコンメーカーは一夜にして「ただの四角い画像メーカー」と化しました。四角いアイコン前提で付箋ノベルティーも作ってしまっていたので、いきなり円形になったのはショックでしたね。

　Ｔ型ロゴに書かれている「フォロワーさんだーいすき」の冒頭「フ」と最後の「き」がいまだに削れて見えづらいのですが、いつか四角に戻る日が来ることを信じて、直していません（笑）。**この経緯を知っている人からは「タカラトミー、まだ根に持ってるな」と言われます（笑）。が、〝アイコン被害〟を受けた企業の中で一番目立ちましたし、「むしろ、おいしい立場」とすぐ思うようになりました（笑）。**

広告なのについ読んでしまう？

タカラトミー名ツイート集

第5話は、番外編としてタカラトミーの傑作ツイート集をお届け。同社は、Twitterのツイート優先順位を、「1.日常のリプライ　2.トレンドツイート　3.他社コラボ企画　4.商品宣伝ツイート　5.広告投稿」の順と語るように、広告や宣伝のウェイトは低い。ただ、広告にも全力投球し、面白いツイートも多いので注目だ。

POINT

- 工夫次第で「愛される広告ツイート」は可能
- 「本日は○○の日」をあいさつ代わりに、一日をスタートする
- 悪ノリはほどほどに。あくまで誠実さが大切

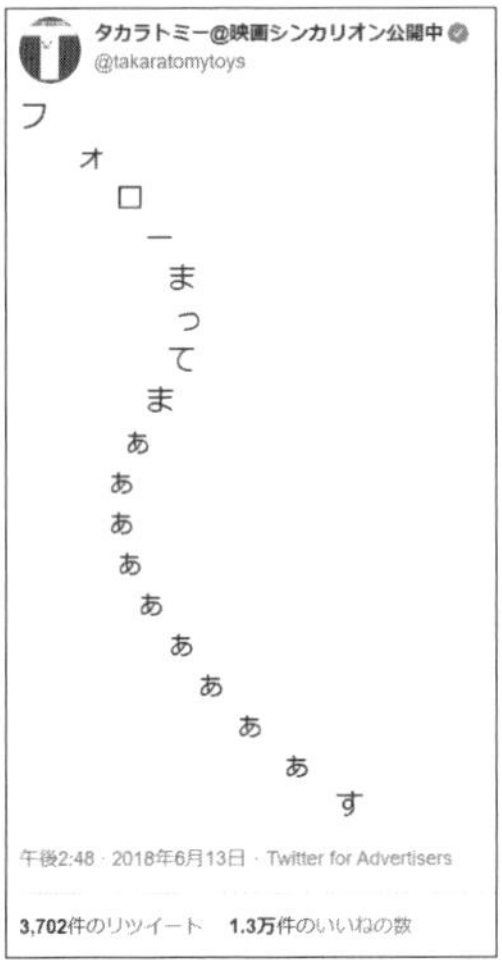

広告・宣伝ツイートでも楽しませてくれる

広告ツイートでも、バズることはできる

　コミュニケーションやトレンドに関連したツイートがメインの中、優先度が低いという広告でも手は抜かないのがタカラトミー流だ。「フォローまってまぁぁぁぁぁぁぁぁぁす」と渦巻き状に配置したテキストで呼びかけた広告はTwitterユーザーの意表を突き、広告ツイートにもかかわらずリツイート3700件超、1万3000件のいいねがついた。

　Twitter広告は、フォロワー数増加策として、またサイト誘導策として利用する企業は多いが、出稿したがために非表示にされたりブロックされたりする可能性も

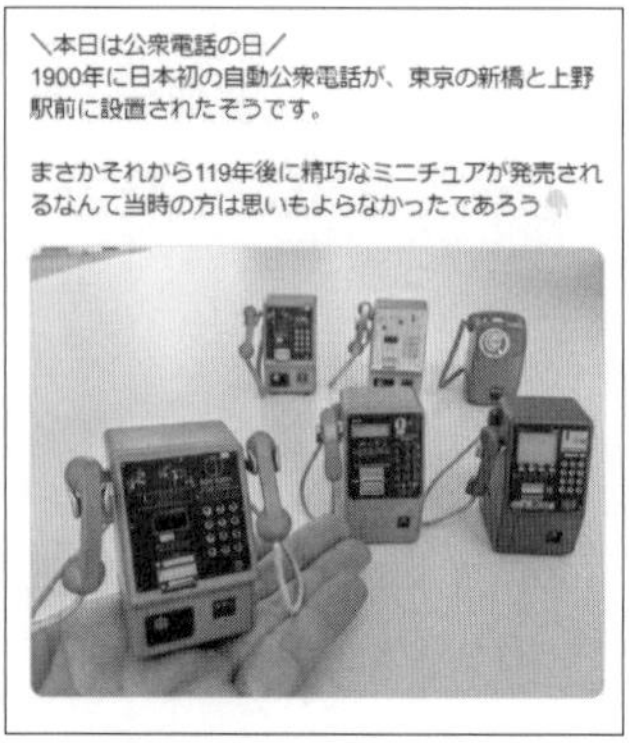

「本日は○○の日」を巧みに商品紹介につなげる

ある。実際、「Twitter 広告 ブロック」で検索すると、片っ端から広告をブロックするユーザーが少なからずいることがうかがえる。

そんな〝広告逆効果〟を回避するべく編み出したこのユニークな広告には、同じテキスト配置で「フォローしましたぁぁぁぁぁぁぁぁぁ」とリプライするユーザーが続出。「中の人」もそれらに「ありがとうございまぁぁぁぁぁぁす」と返すやり取りが発生し、広告ツイートながらリプライ総数が1000件に迫る規模のコミュニケーション量を創出した。〝愛される広告〟の代表例と言っていいだろう。

本日は蚊の日。

「カ(蚊)」の中に「力(ちから)」が1つあります。さてどれでしょう？

カカカカカカカカカカカカカカカカカカカカカカカカ
カカカカカカカカカカカカカカカカカカカカカカカカ
カカカカカカカカカカカカカカカカカカカカカカカカ
カカカカカカカカカカカカカカカカカカカカカカカカ
カカカ

午前8:01 · 2019年8月20日 · TweetDeck

「蚊の日」もエンタメコンテンツに

タカラトミー公式といえば、朝8時前後に投稿する「本日は○○の日」。ここから一日のツイートが始動する。同様に記念日を朝一のネタにする企業アカウントはあるものの、タカラトミーは自社商品の紹介につなげる適用範囲の広さが強みだ。

「タクシーの日」（8月5日）には20年に50周年を迎えるトミカのタクシー、「公衆電話の日」（9月11日）には公衆電話のガチャ、すしの日（11月1日）には「リカちゃんくるくる回転寿司」、ドレミの日（6月24日）や猫の日（2月22日）には8匹の猫のぬいぐるみがドレミ～の音階になっていて押しながら演奏できる「ドレミファキャット」、という具合。現在は発売していない商品や

ちょっと“毒味”のある
ツイートも持ち味

テレビCM映像も紹介するため、「これ、持ってました」「懐かしい」「こんなおもちゃがあったのか」と朝から盛り上がる。

　もちろん商品紹介につなげられない日もある。そんな日でも、タカラトミー「中の人」の手にかかると記念日ツイートはエンタメコンテンツになる。「蚊の日」（8月20日）は、「カ（蚊）」の中に「力（ちから）」を1つだけ紛れ込ませて「どれでしょう?」と出題。検索機能を使って見つけたり、読み上げ機能を使ったり、フォントを変更することで見分けがつきやすくなったりと、フォロワーから様々なアイデアがリプライされた。

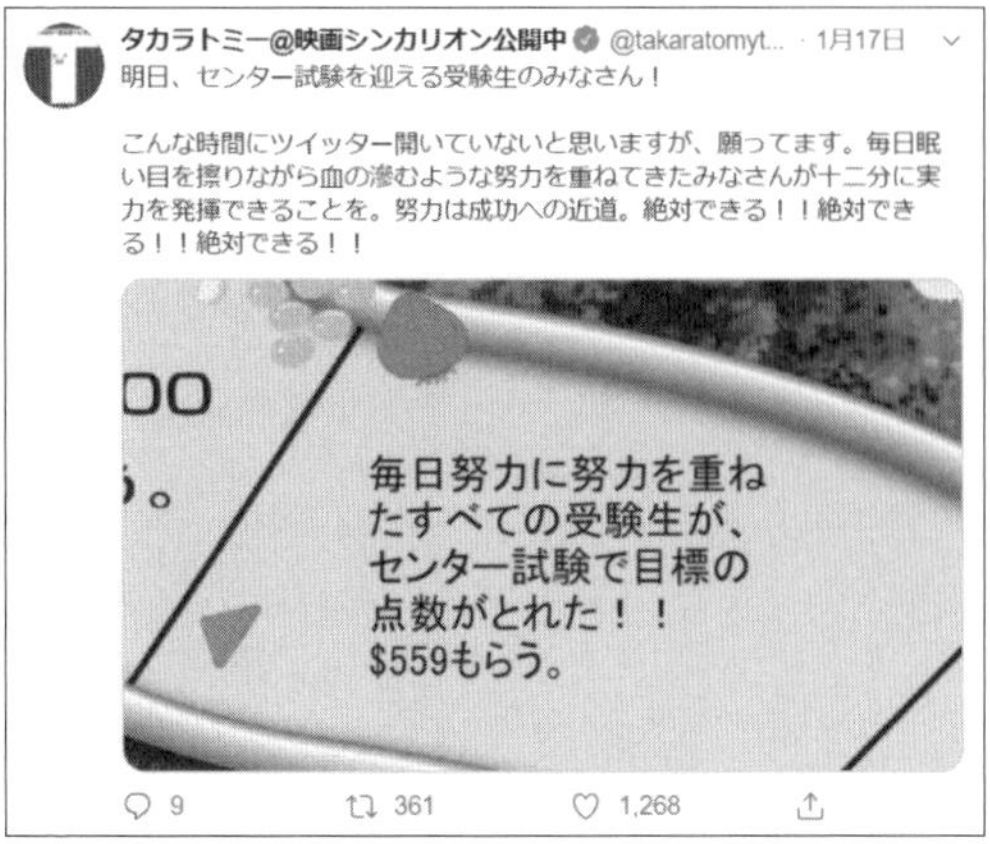

受験生に向けた熱いメッセージ

〝毒〟もあるが、基本はファン思い

同社商品の多くは子供向けだが、公式Twitterのフォロワーの大半は親世代を含めた〝大人〟。そこでたまに発するほんのり〝毒味〟のあるツイートにも共感の輪が広がる。19年のバレンタインデーに投稿した「本日2月14日は仏滅」は2万5000いいね。そして19年のクリスマスを1カ月後に控えた11月25日の「くーりすますがおどしをかけてくるー」は、リツイート5万8000件、いいね数16万件超で過去最高を記録した。

それでもやはりタカラトミーはフォロワー思いのツイートが真骨頂。20年1月17

日には、翌日にセンター試験を受験する受験生に向けて日ごろの実力を発揮できることを祈念し、「絶対できる！！」を繰り返し3回ツイート。添えた画像は、「すべての受験生が、センター試験で目標の点数がとれた！！　$559もらう」と書かれた「人生ゲーム」のマス目だった。「559」は「合格」の意味だろう。同社アカウントの人気はこのツイートに象徴されるような温かみにある。

6

タニタ

@TANITAofficial

「中の人」

1944年設立の健康計測機器メーカー、タニタ。
体脂肪計など、世界初のユニークな商品を
続々と世に送り出している老舗企業だ。
そんな“堅い”企業イメージとは裏腹に、
Twitterの公式アカウントはゆるさ満点。
盟友・シャープ公式との軽妙な掛け合いも持ち味だ。
今や、フォロワー数は31万人以上!
「フリーダム過ぎる」と言われることも少なくない
タニタ「中の人」のコミュニケーション術に迫る。

新事業企画推進部に所属し、自社商品の新規企画や他企業とのコラボ企画などに携わる。2017年1月からは、タニタが推進する「日本活性化プロジェクト」に参画して独立。個人事業主として、引き続き「中の人」業務を請け負っている。Twitterでは健康計測機器や食に関してだけでなく、アニメやゲーム、音楽など幅広い話題をツイート。ツイートをきっかけとしたコラボ商品を数多く実現させ、現在も複数の企画をつぶやきながら進行している。

柔軟かつユニークな運用が持ち味
ニコニコ動画担当でつかんだウケるツボ

“ゆるすぎる公式”と話題になることも多いタニタの公式Twitterアカウント。フォロワーの心をつかむ柔軟でユニークなコミュニケーションの原点は、「中の人」が以前に担当していたニコニコ動画時代にあった。タニタの第1話は、公式Twitter誕生の理由と、ファンとのコミュニケーションの秘策に迫る。

「中の人」的運用の秘訣 1

- ニコニコ動画の投稿コメントで笑いのポイントをテスト
- 目先の宣伝ではなく、10年後のファン、愛用者に向けてツイート
- フォロワーの意見やアイデアは宝の山。耳を澄ますべし

Q Ｔｗｉｔｔｅｒを企業として始めたきっかけや担当になった経緯は。

TANITA

私がタニタに入社したのは２００８年の4月で、大学では水泳部に所属していました。インカレ（インターカレッジ、日本学生選手権水泳競技大会）にも出場するくらい、アルバイトも合コンもする暇なく、週6で泳いでいたんですよ。水泳をやっていてスポーツ科学専攻だったので、健康には関心があって、それで就職先としてタニタと縁があったという流れです。だからネットを見ることはありましたけど、それ以上は何の知識もなく入社しましたね。

入社して数カ月たってから、現在の谷田千里が社長に就きました。新社長の下でまず開設したのが、ＴｗｉｔｔｅｒでもＦａｃｅｂｏｏｋページでもなく、ニコニコ動画の企業公式チャンネル「ＣｏｍｅＳｔａ Ｃｈａｎｎｅｌ（コメスタチャンネル）」でした。タニタとソーシャルメディアの接点はそこから始まります。

チャンネル開設時に担当だった同期入社の者が、1年弱で営業に戻ることになったので、営業にいた私に2代目担当が回ってきました。動画の1つも作ったことがなかったので、もうゼロから学びました。５００ｋｃａｌ前後と低カロリーながら満腹感を

フォロワー数31万人を突破し、多くのファンを抱えるタニタの公式Twitter

得られる社員食堂メニューを「作ってみた」動画を配信したり、「丸の内タニタ食堂」がオープンしたときは中継に行ったりもしました。

前任者のキャラが立っていたので、営業に戻ってからもたびたび出てもらったり、当時まだ新しい製品ジャンルだった「携帯型デジタル尿糖計」（現在は生産終了）を知ってもらうために企画担当者に出演を持ちかけたり、そして当社最大の〝キラーコンテンツ〟である社長の谷田に「社長の一言」コーナーで踊ってもらったりと、今でいう〝社員YouTuber〟的なアプローチをニコニコ動画でやっていましたね。

ニコニコ動画って画面上にテキストが流

れるじゃないですか。あれで反応がすぐ分かるんですよ。3分の動画で2分20秒の時に盛り上がった。そこでこんな書き込みが相次いだ、という具合に。それを踏まえて、ならば次はこんな仕掛けをしてみようと笑いの取れる間を入れてみたりして。そんなテストを毎回繰り返すことで、反響を得るポイントをつかんでいったように思います。

そうして1年が過ぎ、私も営業に戻る辞令が出まして、後任にはサブカルに理解ある社員を推薦して、ニコニコ動画3代目を引き継いでもらいました。といっても経理出身で、動画制作は素人なので、引き継ぎ当初は営業をやりつつ少しサポートにも入りました。それが手離れした頃、だいぶＴｗｉｔｔｅｒが普及してきて企業アカウントも登場し始めた時期でもあったので、「ウチもＴｗｉｔｔｅｒやってみませんか？　私やりますよ」と手を挙げました。おカネがかからないですし、動画制作するニコニコ動画と比べればテキスト打つだけですから、移動の合間にケータイから打てるので特に負担はないなと思って、「まずはやってみよう」という感じで始めました。

Q 営業メインで「中の人」を兼務に。どのようなスタンスでツイートを？

自社製品のことを熟知しているのはＳＮＳ担当としてとても大事ですし、役に立ちます。製品のことを質問されたときに「その目的ならこっちの製品でも十分でしょう」といった具合に具体的な提案ができるからです。**ニコニコ動画もそうですが、Twitterも、ストレートな宣伝投稿はほとんどしないですね。公式のプレスリリースは広報からメディアを経て届くというルートがあるので、同じものをTwitterにただ載せても読まれないし読みたくないでしょう。**

体脂肪計、体組成計って、クルマとかと違って熱烈なファンが付くようなジャンルではないですし、健康にやや不安を覚える年代になれば関心も高まりますが、ＳＮＳ中心利用層の若者はそれも当てはまらない。そして一度買ったら10年近く買い替えない。フツーにやっていたら見向きもされないと思います。**真面目なメーカーだけど、なんだかギャップが面白い、そんなイメージでフォロワーさんと会話を重ねていって、10年後の愛用者になっていただく。そのくらい長期の時間軸で考えています。**

実際、10年と待たずにフォロワーさんからの提案でコラボ商品が実現しています。

Come Sta Channel
produced by TANITA

最初のソーシャルメディア運用はニコニコ動画だった

「インナースキャンＶｏｉｃｅ」という設定手順や計測結果を声でお知らせしてくれる音声案内機能が付いた体組成計があるのですが、その機能を生かして何かできないか、アイデアを募集したところ、アニメ作品「ＴＩＧＥＲ ＆ ＢＵＮＮＹ」（通称タイバニ）のキャラクターの声がいいという提案があって盛り上がったのです。版権元のサンライズさん（編集部注：現在の版権元はバンダイナムコピクチャーズ）にもご協力いただき、映画公開に合わせて商品化できました。フォロワーの方がいなかったら成立していない企画です。

　他にも、**「だれかハロウィーン用のアイコンください」ってツイートすると、次々とユニークな加工をした画像をアップしてくださいますし、ほんとフォロワーさんの声を聞いて、力をお借りして運営しています。**

「私、タニタを退職しました」の内幕
「中の人」が個人事業主になったワケ

ニコニコ動画での公式チャンネル運営の経験をベースにしながら、新たなTwitter像をつくり上げてきたタニタの「中の人」。17年からは、SNS運営の仕事はそのままに、フリーランスとして“独立”した。なぜ今、「外の人」になったのか。タニタ第2話は、「中の人」が新しい働き方を選んだ理由と変化について聞いた。

「中の人」的運用の秘訣 2

- 新しいことに挑戦し、スキルを高めることが不安の解消に
- 時間配分の裁量を持つことで、運用にかかるストレスが減る
- 社員だったらできなかった、他部署の業務に携われるように

Q「中の人」なのにフリーランス？ 新しい働き方を選んだ理由は。

簡単に言うと、タニタが社員の独立を支援する仕組みで、個人事業主として新たに業務委託契約を結びます。退職前まで社員として取り組んでいた仕事を「基本業務」としてタニタから委託され、移行時は社員当時の給与・賞与をベースにして報酬が決まります。17年から始まった「日本活性化プロジェクト」と称する取り組みで、これに手を挙げたので、退職してフリーランスになりました。

「社員じゃなくなるってどういうこと？」と、最初はよく分からなかったですし（笑）、公募が始まって真っ先に手を挙げたというほど即決したわけではないです。また、転職の経験もなく、「ゆくゆくは独立」といった計画をそれまで考えたこともなかったですからね。

ただ、この仕組みの内容と社長の考えを理解するにつれ、興味を持ちました。**私自身ちょうど入社して10年目を迎えるタイミングで、次の10年を考えたときに、「もっと成長したい」という意欲と、「これからどうなるか」「このままでいいのか」という漠然とした不安とがありました。新しいことに挑戦するチャンスを得てスキルを高める**

「中の人」からの突然の退職報告に
フォロワーもびっくり

ことが不安の解消になると思いました。

退職に当たり、家族には最初は反対されました（笑）。やはり不安だったようです。「そのうち切られるんじゃないのか?」と。そこは、正社員だからといって安心・安泰ではないし、そもそも人員削減のための仕組みではないことを説明しました。

第1話でお話しした入社1～2年目のニコニコ動画担当時は、社長と机を並べて二人三脚で仕事をしていましたから、人となりもよく理解しているつもりです。その社長が強い思いを持って新しい仕組みに取り組む意向なのであれば、それは賛同してみようと思ったのです。

Q 個人事業主になることで、「中の人」の仕事内容や意味は変わるのか。

まず、時間に対して自由になりましたね。時間をコントロールできるので仕事がしやすくなりました。社員時代は朝のほうが仕事がはかどると思って早朝出社していましたが、「早すぎるのも変に思われるかな？」と周りの目が気になったり、多忙な時期で皆残業を頑張っているときに先に引き上げるのはちょっと気が引けたり、ということがありました。今は、土日に少し仕事を回すことで平日にゆとりを持たせるといった時間配分の裁量が持てるので、ストレスが軽減されたように思います。

あと、健康を気にするようになりました。体が資本ですからね。「ここで一息入れよう」とか、根詰めて頑張ったら「リカバリーのためにマッサージに行こう」とか。健康第一って言いますけれど、健康体であることがまず一番の仕事だなって思います。それを意識することで結果的に健康になりました（笑）。

業務に関しては、引き続きＴｗｉｔｔｅｒの「中の人」を担当。16年からブランド統合本部新事業企画推進部という部署に配属になり、その後独立したので、基本業務はこの新事業企画推進の仕事をしています。一言で言うと新事業を通じてファンを開拓

書籍『タニタの働き方革命』（日経BP・日本経済新聞出版）で、「中の人」へのインタビューも

することです。Ｔｗｉｔｔｅｒもこの一環として活用しています。他企業とのコラボレーション商品企画やオンラインショップの売り上げ・利益目標を設定して、その達成度によって翌年の報酬金額を算定、交渉しています。

基本業務の枠を超えた仕事を頼まれた場合には、「追加業務」として発注を受けて、追加報酬が支払われる形になります。たまにありますよ。会社には本当はやったほうがいいのだけれど優先順位を考えると担当を割り振れず着手できていない業務というものが結構色々な部署にあって、会社側はこの仕組みがあると発注しやすいようです。社員からすると社内事情を理解している人に頼めるので話が早く、受注するほうも勉強になって経験値が上がりますし、追加で報酬も発生するので、双方にメリットがあります。**私としても社員のままだったらできなかった他部署の仕事に携われるのは面白いですね。**

確定申告を自分でする必要があるのは手間ですが、経費管理をしっかりしていればメリットも大きいです。ローンが組みづらいとか、これから課題が出てくる可能性はありますが、今のところは特に不便は感じていません。労災保険の保障がない分は、就労不能保険に加入してカバーしたりしています。個人事業主になってみて、やはり働き方が自由であることが私にとっては最大のメリットですね。独立したことに後悔は全くありません。

シャープさんとのコラボ秘話を大公開！『君の名は。』再現即興劇はこうして生まれた

タニタといえば、シャープの公式アカウント「SHARP シャープ株式会社(@SHARP_JP)」、通称“シャープさん”との交流が話題に。第3話では、盟友シャープ公式Twitter「中の人」との交友について聞く。なぜシャープさんと絡むのか、そして新海誠監督作品『君の名は。』の再現コラボ劇が生まれた秘話とは。

「中の人」的運用の秘訣 3

- 「中の人」のコラボ相手は、波長の合う仲間かどうかが重要
- フォロワーからの面白いアイデアをコラボに生かす
- 「中の人」同士の掛け合いは、セリフをあらかじめ固めすぎない

Q シャープさんは仲良しアカウントとして有名ですが、なぜ交流を。

TANITA

初めて話したのはTwitter上ではなく、直接お会いしました。私がまだTwitter公式を始めて2年目に入ったくらいの頃です。シャープさんがタニタの本社を訪問されていたんですよ。シャープのウオーターオーブン「ヘルシオ」とタニタの「デジタルクッキングスケール」を家電量販店で並べて展示する店頭プロモーション企画があって、その打ち合わせに同行されていた。それで上司に「シャープのTwitter担当者さんが来社されている」と言われて会ったのが最初です。

その時は、「あ、どうも」と名刺交換をしただけで、その後特に連絡を取ることもなく……。私も営業の合間にツイートしていただけでフォロワー数も数千人でしたし、シャープさんも1万何千人かで今のようなアカウントではなかったですね。正直、あまり印象に残ってないんですよ、初対面は（笑）。

他社のTwitterアカウントと何かやりたい、お話ししたいと思って、呼びかけをしたんですね。まだ当時は企業アカウント同士が会話をする発想がないというか、それだけで珍しがられる頃でした。それに乗ってきて話しかけてくれたうちの1社がシャープさん。お会いしてから半年近くたっていました。そこからですね、Ｔｗｉｔｔｅｒを通じて交流するようになったのは。**お互い、あうんの呼吸というか波長が合うんですよ。そのやり取りを楽しむ双方のフォロワーも付くようになっていきました。**

その後、タニタがフォロワー1万人、シャープさんが2万人に到達するタイミングがあって、1万人突破記念に、当社の活動量計「カロリズム」をフォロワー向けプレゼントとして特注で生産して、さらにシャープさんには2万人突破をお祝いする「カロリズム」をお送りしたんですね。感謝の意を込めて。

シャープさんには喜んでいただけて、フォロワーの間では仲良しアカウント認定されるようになったのですが、思いがけず出版社のリブレさんと仁茂田あい先生が興味を持ってくださり、2人を主人公にした4コマ漫画がウェブ連載。さらにはそれが『シャープさんとタニタくん@』のタイトルで単行本化されるに至りました。

Q ファンに喜んでもらえるコラボ企画とはどのようなもの？

一番印象に残っているのは、17年のエープリルフール企画ですね。前年の夏に映画『君の名は。』が大ヒットして、シャープさんも何度も見るくらい大好きだったこともあって、17年のエープリルフールはこの作品を再現した寸劇ツイートにチャレンジしました。（編集部注：『君の名は。』は、東京に憧れる田舎暮らしの女子高校生が、ある日夢の中でお互いの身体が入れ替わっていることに気付くというストーリー）。

やろうと考えたきっかけは、3月に入ってから、シャープさんがよくタニタ食堂のことをツイートしてくれているのを見たフォロワーさんから「おふたりさん、一日だけ入れ替わってみれば？」と提案があったことです。 それで「いつかやりたい」「誰得なんだろう（笑）」と盛り上がっていたら、「その際には是非ご活用ください」と、両社の書体が入れ替わったアイコンをまた別のフォロワーさんが作ってくれたんです。SHARPロゴの赤い書体でTANITA、TANITAの藍色の書体でSHARPと書いて集中線を加えたロゴです。

それでもまだ具体的には何も決めず、結局準備を始めたのは3〜4日前です。「やばい、もう4月になる」と。そこでご提供いただいたロゴを使って両社アカウントが入れ替わった後、シャープさんがタニタの商品を、私がシャープさんの商品をぎこちなく紹介してツッコミを入れるという基本シナリオを立てて、候補となる商品写真をそれぞれ10点ほど交換しました。準備はそれだけです。

17年の4月1日は土曜日でした。朝9時ぐらいから始めることにしていましたが、まず0時ちょうどにアイコンと社名だけは入れ替えました。その時点でもうネタバレなんですが、一言もツイートせずに様子をうかがっていました。気付いたフォロワーさんもいましたね。

そして翌朝、自宅近所のカフェから寸劇ツイートに臨みました。まず、朝起きると何か違和感を覚えてシャープさんと入れ替わっていることに気付く段。「なんかすごく赤い」とか「この部屋、（プラズマ）クラスター的なものが飛んでる？」とか、シャープっぽいことを大真面目に挙げてからの「入れ替わってるーーー！？」で土曜朝からそれぞれ3万件を超えるリツイートをいただきました。

一応、ＬＩＮＥはつながっていて、「まだタイミング早い」とか「ちょっとペース落とそう」といった、やり取りはしていました。やっているうちにどっちが何を言っているのか混乱してくるので（笑）、その確認をＬＩＮＥ側でしながら進めていました。**原作があるので、また眠りに落ちて目覚めると元に戻っていたという筋道は決まっていたけれど、何を言うかは逐一決めていなくて、即興劇を楽しむ感覚でした。**これまでシャープさんとツイートを重ねてきた信頼感がベースにあるのが大きいですね。そして最後に奇跡が起きました。なんと『君の名は。』の新海誠監督がこのエープリルフール寸劇を見届けてくださっていたのです。

バラエティー番組と違って「ご本人登場」の仕込みはできませんからね。もう本当に驚きました。こんなことが起こるんだなって。これ以上の企画を作ってと言われても多分無理です（笑）。次ページ以降にて、一連のツイートを掲載。

●「入れ替わり」企画の全幕

株式会社タニタ @SHARP_JP · 2017年4月1日
ムクリ
38　1,208　1,793

SHARP シャープ株式会社 @TANITAofficial · 2017年4月1日
あれ？…なんかすごく赤いんだけど…
40　2,314　2,755

株式会社タニタ @SHARP_JP · 2017年4月1日
ねぇまってなんか体が軽いムリ
15　1,260　2,165

SHARP シャープ株式会社 @TANITAofficial · 2017年4月1日
あれ？なんかこの部屋、クラスター的なものが飛んでる？
17　1,191　2,042

株式会社タニタ @SHARP_JP · 2017年4月1日
.@TANITAofficial お前は 誰だ？
21　1,823　2,234

SHARP シャープ株式会社 @TANITAofficial · 2017年4月1日
タニタ
4　811　1,333

SHARP シャープ株式会社 @TANITAofficial · 2017年4月1日
@SHARP_JP　お前は　なんだ？　お前は　誰だ？？
5　1,358　1,705

株式会社タニタ @SHARP_JP · 2017年4月1日
返信先: @TANITAofficialさん
シャ、シャープ
3　563　898

株式会社タニタ @SHARP_JP · 2017年4月1日

78　8,886　1.2万

株式会社タニタ @SHARP_JP · 2017年4月1日
「これって…これってもしかして」
15　5,233　6,081

SHARP シャープ株式会社 @TANITAofficial · 2017年4月1日
「おれは夢の中であのシャープと一」
17　6,995　7,529

株式会社タニタ @SHARP_JP · 2017年4月1日
「私は夢の中でこのタニタと一」
7　6,917　7,482

SHARP シャープ株式会社 @TANITAofficial · 2017年4月1日
「入れ替わってるーーー！？」
TANITA
59　3.3万　3万

株式会社タニタ @SHARP_JP · 2017年4月1日
「入れ替わってるーーー！？」
SHARP
Be Original.
55　3.4万　3.3万

SHARP シャープ株式会社 @TANITAofficial · 2017年4月1日
～ 脳 内 が 前 前 前 世 ～
11　3,934　5,022

株式会社タニタ @SHARP_JP · 2017年4月1日

（入れ替わったとはいえ公式は公式…仕事はしなくちゃいけない）

16　1,500　2,888

SHARP シャープ株式会社 @TANITAofficial · 2017年4月1日

.@SHARP_JP （このままツイートするのはお互いブランディング的にマズイと思うので、バレないようになんとかしましょう）

9　1,237　1,970

株式会社タニタ @SHARP_JP · 2017年4月1日

お、おはようございます！カロリズムお忘れなく(=°ω°)ﾉ

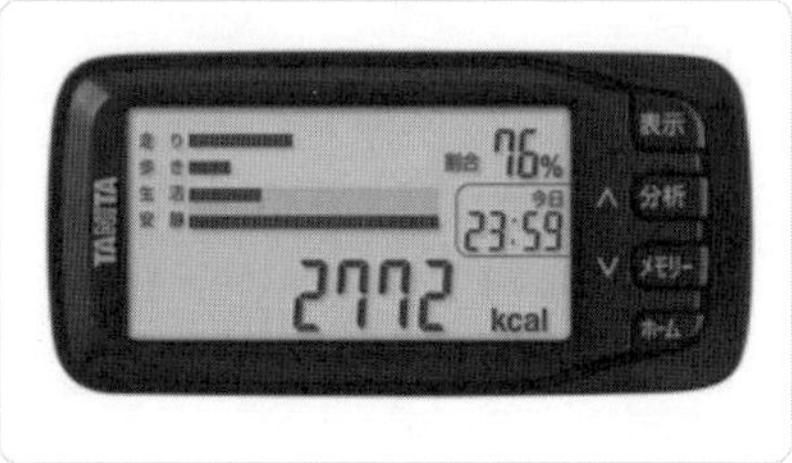

10　236　849

SHARP シャープ株式会社 @TANITAofficial · 2017年4月1日

ロボホンかわいいよロボホン

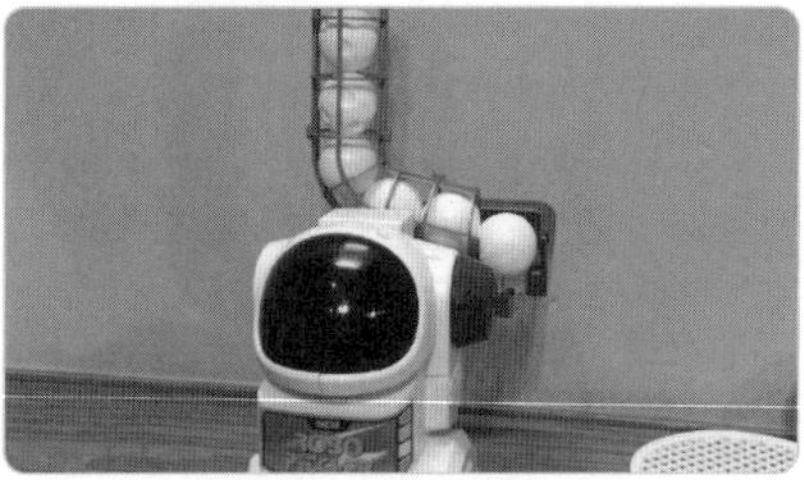

9　986　1,826

返信

株式会社タニタ @SHARP_JP · 2017年4月1日

返信先: @TANITAofficialさん

それロボピッチャーやし💢💢💢

7　640　1,254

エンドロールが流れた後には、何と本家の新海誠監督が登場する事態に

人気「中の人」たちが一緒に各地へ旅行？
斬新企画の生み方と偶然の呼び込み方

他社の「中の人」との交流がタニタ公式の醍醐味の一つ。第4話は、名物企画「タニタ式どうでしょう」に焦点を当てる。四万温泉、北茨城、北海道、鳥取……。人気企業アカウント同士が一緒にまさかの行き当たりばったり旅へ。なぜ旅行に出ることになったのか、その狙いに迫る。

「中の人」的運用の秘訣 4

- 単独行動より仲間と協同することで話題に
- 行き当たりばったりのゆるさが、面白ハプニングをもたらす
- 好きなことの発信から、新たな出会いや予想外の展開が生まれる

Q 名物企画「タニタ式どうでしょう」をどのようにつくり上げたのか

タニタのグループ会社にタニタヘルスリンクという、健康サービス事業を展開している会社がありまして、主に健康経営に取り組む企業や健康長寿を目指す自治体に向けて「タニタ健康プログラム」というサービスを提供しています。もともとはタニタ社内で従業員の健康のために実施していた取り組みでしたが、成果が出たことで、ＢｔｏＢ向けのプログラム、医療費適正化パッケージとして14年から提供を始めています。タニタの計測機器を設置していただいて、利用者の計測データから健康カウンセリングをするなど、利用者の健康づくりをトータルサポートしています。

この一環で実施している、地元食材を使ったヘルシーメニューを提供したり、観光地をウオーキングしたりする「ヘルスツーリズム」というプログラムがあるのですが、当時ちょうどそのプログラムができた四万温泉（群馬県中之条町）へ行くことになったのがきっかけでした。

私1人で行ってもよかったのですが、「それで面白いかな？」と考えたときに人気アカウントの面々が思い浮かびまして、「各社『中の人』も日ごろお疲れでしょうから、

「タニタ式どうでしょう」企画で、四万温泉、北茨城、北海道、鳥取を訪問

慰労の意味を込めて、ちょっとお声がけしてみようかな」と（笑）。第1弾は17年2月13〜14日というバレンタインデーとかぶる日程でしたが、「全く問題ない」とキングジムさん、セガさん、シャープさんから快諾をいただいて、お出掛けしてきました。

「タニタ式どうでしょう」という名称は、タニタ側で命名したものではなくて、シャープさんがたまたまツイートした言葉です。訪問先やルート、宿泊先はタニタヘルスリンクがコンダクターとなって決めていますが、具体的な行程は知らされていないので、「4人で行くあても分からない旅に出るって（北海道テレビ制作の人気バラエティ番組）『水曜どうでしょう』っぽいよね」ということから、そのまま企画名になりました。

観光案内所で職員の方からサインを求められて、戸惑いながら書いてきたこともありましたが、後日、フォロワーの方が「行ってきました」と案内所に掲示されている私たちのサインを写真に撮ってツイートしていただいて、集客にも貢献できたかなと手応えを感じています。四万温泉に続いて、18年3月に北茨城市（茨城県）、18年12月には「水曜どうでしょう」の本拠地・北海道、19年12月には鳥取県と、ヘルスツーリズムや健康プログラムを実施している地域で計4回実施してきました。

※新型コロナ禍でこの4エリアをはじめ多くの自治体、観光地でご苦労があったことと存じます。一日も早い終息と、観光業の復活、「タニタ式どうでしょう」の第5弾が企画できることを願っています（編集部）。

内容としては、観光地や風光明媚な場所を訪れ、健康計測機器が置かれている施設を見学し、ヘルシーメニューを味わう、といった旅の行程を自由にツイートするのが基本です。ただ、それだけではなく、各社それぞれ自社商品を持参してさりげなくアピールもされていました。シャープさんは「超音波ウォッシャー」を持参して、「食べこぼしのシミがあったら落としますよ」という具合です。

セガさんは夜みんなで遊べるようにと、84年発売の伝説の室内用ピッチングマシン

「ロボピッチャ」を持参されたのですが、なんと電池を忘れて動かない（笑）（結局「ぷよぷよテトリス」と「バーチャファイター」で遊びました）。また第3弾の北海道編では、セガさんがたまたま十徳ナイフのキーホルダーを持っていたために羽田空港の手荷物検査で引っ掛かり、それがＹａｈｏｏ！ニュースのトピックスに載るという〝事件〟がありました。こんなハプニングは狙ってできることではありません。

Q 西武鉄道さんの秩父応援ツアーに参加するなど、他社とのつながりがさらに広がっています。面白い企画を呼び込むコツは。

秩父応援ツアーは、名産のそばを食べ、長瀞の岩畳を見学し、人気のウイスキー「イチローズモルト」をお土産に購入し……と、秩父の魅力を満喫できた、とてもいい旅でした。タニタとしても、移動を伴う企画は歩数計をご紹介、ご提案できる機会になります。秩父応援ツアーには、名だたる刀剣が戦士へと姿を変えた「刀剣男士」を収集する刀剣育成シミュレーションゲーム「刀剣乱舞－ＯＮＬＩＮＥ－」とコラボしたタニタの歩数計の中から、秩父神社とゆかりのある「謙信景光」モデルを持

「刀剣乱舞-ONLINE-」コラボ歩数計に７種類の新デザインを追加、全80種類を再販（予約受け付け終了）

参しました。

Ｔｗｉｔｔｅｒで面白い企画に出合えたり、偶然を呼び込めたりしているのは、自分の好きなこと、興味あることをツイートしているからだと思います。例えば私は邦楽ロックが大好きで、ストレイテナーはライブにも行くくらいお気に入りなのですが、そういった趣味嗜好についてよくツイートしています。そうしたら、バンドメンバーの方とＴｗｉｔｔｅｒで交流する機会ができたのです。その後コミック『シャープさんとタニタくん＠』第2弾の話が持ち上がったときに、同作のテーマソングでコラボできないかと事務所にご相談したら、ご了承いただいてタイアップが実現するという夢のようなことが起きました。

「刀剣乱舞」もゲームの進捗についてツイートしていて、「コラボ商品を作ってほしい」というリプライが寄せられたことから、商品化が進みました。「タニタ式どうでしょう」の北海道編では、本家「水曜どうでしょう」のディレクターさんにお会いすることもできました。

「何がウケるか？」と考え込んでいても何も始まりません。本当に好きで熱く語れるモノ・コトをツイートすることで、それを共有できるフォロワーさんとの距離感が一気に縮まります。好きなこと、いいなと思うもの、気付いたことをどんどん発信していくと、予想外の反響や転がり方をして返ってくることがあります。それがＴｗｉｔｔｅｒの面白いところですね。

20年でタニタ公式Ｔｗｉｔｔｅｒ運営10年目に入りました。Ｔｗｉｔｔｅｒから新しいつながりやすてきな出会いが生まれることを期待しながら、これからももっともっと発信を続けていきます。

6人の「中の人」がオススメ！今、フォローしたい企業公式アカ

多くのファンに愛される6社の「中の人」。その〝達人〟たちが今、気になるアカウント、参考にしているアカウントは何か。現在の企業Twitterのトレンドをつくったシャープに加え、知る人ぞ知る意外な斬新アカウントの名前が挙がった。

「中の人」が舌を巻く 企業Twitterの代名詞

SHARP
シャープ株式会社
@SHARP_JP

東急ハンズ「中の人」オススメ

説明不要な気がしますが、企業アカウントらしからぬ視点とそれを伝える巧みな言葉遣いが魅力。ビジュアル的なコンテンツを活用するのが多数派な中、テキストで伝えることに重きを置き、言葉を大切にするスタンスが素晴らしい。

井村屋「中の人」オススメ

取り組みという表現からはズレてしまいますが、言葉遣い含め、投稿センスは全くマネも寄せることもできない唯一無二だと思います。

セメダイン

@cemedinecoltd

ノザキ(ノザキのコンビーフ)【公式】

@nozaki1948

タニタ 「中の人」オススメ

ハッシュタグ「#お前らしくないツイートをしろ」の鉄板ネタである「ボンド」ネタが好き。製品のあるあるネタなどが豊富で、ためになるうえに面白い内容のツイートが多い。

タカラトミー 「中の人」オススメ

ユーザーとのコミュニケーションの取り方がうまい。普段のリプライとのやり取りから強固でほほ笑ましい関係性ができている。ユーザーの間でどんどん盛り上がっていくようなこともよく見かけ、セメダインさんもそれをただ見ているだけでなくリツイートなどでしっかりキャッチし、話題化させているところに感心している。

タカラトミー 「中の人」オススメ

企業からの発信が伝わりづらくなる中、より信頼性や価値が高まる、UGC（ユーザー生成コンテンツ）の投稿を増やす取り組みを積極的に行っている。「#ノザキのコンビーフの食べ方」のタグ付け投稿が一例。ユーザーの投稿をリツイートしたり、引用リツイートすることでユーザー側ももっと投稿しようという気持ちにさせているところ、いつも参考にしています。

東急ハンズ 「中の人」オススメ

ウィットに富んだ投稿内容がとても面白いうえに、画像や動画を駆使して飽きさせない。ファンとのコミュニケーションの取り方や、距離感が絶妙でうまい。何より、自社製品への深い愛情を感じさせる。

東京ズーネット[公式]

@TokyoZooNet_PR

セガ「中の人」オススメ

公益財団法人東京動物園協会によるアカウント。かわいらしい動物たちの生態と圧倒的な知識量に裏打ちされたツイートが読んでいて楽しく、ウィットに富み、これぞ公式アカウント!と感服しています。アスキーアートもどこかのコピーアンドペーストではなく独自制作作品で、ハシビロコウのAAは一見の価値ありです。

MKタクシー

@MKofficial_PR

井村屋「中の人」オススメ

京都に行く前や行った際には、MKタクシーさんのツイート確認は必須だな……と一消費者として思わせられます。各地のネコやドライバーさんの手袋の投稿など、観光だけではないクスグリ要素のバランスが素晴らしい。

コメダ珈琲店

@KomedaOfficial

キングジム「中の人」オススメ

お客様に「くつろぐ、いちばんいいところ」をお届けする、というお店のコンセプトをベースにコメダおじさんがつぶやく発信がほのぼのしている。コメントしやすいような、親しみやすいテキストがすてき。

金精軒

@kinseiken_jp

セガ 「中の人」オススメ

山梨のおいしそうな和菓子とそれを送り出すお店の人々の優しさ、地元の魅力が詰まっていて、いつ見てもあたたかい気持ちになり、大好きです。

ぬいぐるみのセキグチ【公式】

@sekiguchi1918

キングジム 「中の人」オススメ

代表キャラクターのモンチッチなど、ぬいぐるみが登場する投稿に癒やされる。たまに当社と交流するが、担当者のキャラクターに対する愛が伝わってきて、好感が持てる。ファンを大切にしている運営が素晴らしい。

フモフモランド&ぬいぐるみ病院

@cocoro_bz

キングジム 「中の人」オススメ

汚れたり破損したりしているぬいぐるみを「患者」と呼び、退院するまでの過程を発信している唯一無二のアカウント。ぬいぐるみやキャラクター好きの「家族」に寄り添う運営姿勢は参考になります。

株式会社石井マーク

@ishiimark_sign

井村屋 「中の人」オススメ

シュールな投稿の中に、ハッとする投稿が急にきたり、記号（マーク）の重要性を再認識したり、「ほー」「なるほど!」といった知識欲がくすぐられます。

花王 アタック（お洗濯全般）

@kao_attackjp

タニタ 「中の人」オススメ

花王さんの企業イメージをいい意味で裏切る非常に攻めたツイートが面白い。リアルで実施している販促企画との連携もうまい。

第2章

6人の「中の人」がファンに愛されるワケ

さとなお氏が語る！ファンベース時代のSNS活用のカギ

セガグループ、東急ハンズ、キングジム、井村屋、タカラトミー、タニタ。この6社の「中の人」は、なぜファンに愛されるのか――。ファンを基点とした企業戦略「ファンベース」を提唱する佐藤尚之氏に、各社の取り組みから見える、ファンと企業との新しい関係性について語ってもらった。

佐藤尚之（さとなお）氏
ファンベース・ディレクター。1961年東京生まれ。25年間、電通に勤務し、2011年に独立。19年5月に（株）ファンベースカンパニーを共同で創業。20年4月から会長を務める。『ファンベース』（ちくま新書）など著書多数

ＳＮＳを活用できる企業とそうでない企業の違いとは。

Ｔｗｉｔｔｅｒをはじめとした ＳＮＳを活用したいという声はよく聞くが、うまくいかない企業のほとんどは、従来のマスメディアにおけるマス広告やＰＲの作法をそのままＳＮＳに持ち込んでいることが原因だと思います。ＳＮＳは基本的に、個人が友達や知人とつながる場所。もちろん、好きなタレントや趣味の合う人をフォローするなどの広がりはあるものの、基本的には友人たちとのおしゃべりが顕在化された空間。企業などがその空間を利用するということは、つまり、仲の良い人とお茶を飲んでいるところに、いきなりセールスの人が割り込んでくるようなものなんです。拡散を起こそう、商品をアピールしようというような目的での投稿は、ＳＮＳ上ではうざいとしか感じられない。それに対し、今回の6人の「中の人」は、「基本、私たちは邪魔をしているかもしれない」といった認識をちゃんと持っていますよね。企業として「目立ってモノを売ってやろう」といったスタンスではないことが、決定的な違いであり、長く愛される理由でしょう。

ＳＮＳは、「ファンベース」の視点で見ても、極めて重要な接点です。ファンベースとは、企業やブランド、商品の価値を熱狂的に支持してくれる「ファン」をベースにして、中長期的に売り上げや価値を高めていく考え方です。「2割のファンが売り上げの8割を支える」というパレートの法則がほとんどの企業で当てはまり、実はファンが売り上げを支えてくれていることが分かっています。今までは新規顧客を狙うことが定石でしたが、日本は人口急減社会に突入し、超高齢化も加速。つまり物理的に顧客の数が減っていく。そんな中での新規顧客の奪い合いはまさに修羅の道です。しかも、情報過多の時代で、キャンペーンは一瞬で〝消費〟され、一時しのぎにしかなりません。であれば、既に愛してくれ、売り上げを支えてくれているファンに向き合って、支持基盤を固めるほうがずっといい。さらにファンは、自分たちの家族や友人・知人にお薦めし、新たな顧客を連れて来てくれる。新型コロナウイルスの影響で景気の悪化が進む中、今後ますますファンベースの視点が重要になると考えています。

ファンの支持を高めていくために必要なこととは。

理屈ではなく感情で好きになるのがファンです。だから、「共感」「愛着」「信頼」というような感情を高めていくことが重要です。特に今回の6人の「中の人」の取り組みは、「愛着」を育てる意味でお手本といえます。ＳＮＳのメリットは、いわゆる距離と時間を超えて毎日接することができるということ。そこを生かして邪魔せずアプローチしている。例えば、東急ハンズさんは毎日決まった時間にあいさつの投稿をしますね。ただの挨拶に見えますが、極めて重要なコミュニケーションです。例えるなら、商店街の八百屋のお兄ちゃんみたいなもの。毎日毎日、商店街で通りすがりに「おはようございます！」「天気がいいですね！　いってらっしゃい！」と声をかけてくれる。この毎日の小さな繰り返しが愛着を育み、常連を生むのです。東急ハンズさんは「おしゃべり8割、情報2割」、キングジムさんも「雑談7割、商品情報３割」と語るように、投稿の割合はそれぞれで異なるものの、宣伝やＰＲではなく日常のやり取りこそが重要である、というのが共通の認識でしょう。印象的なのが、６人全員が「ツイートを見たからといって、商品を買ってもらえるわけではない」と口をそろえること。八百屋のお兄ちゃんが「大根安いよ！　買って買って」って毎日言っていたら、うざいし誰も好きになってくれないですよね。、優れた「中の人」は、経験や体験によってこの感覚を身に付けているのだと思います。

もう一つ愛着を育てるのに大切なのが、つぶやいているのが「企業」ではなく「個人」であると感じられること。井村屋さんは「そばの人」など、表現こそ異なりますが、すべて親近感を持ちやすい個人をイメージしています。さらに、各社のツイートに自社で働く人（社長や開発者）が出てくるのもポイントです。人は人にしか共感しません。「中の人」しかり、企業で働いている人たちが見えてくることは「共感」の獲得に何より重要です。商品やブランドの向こうに企業の中の人たちがしっかり見え、開発の苦労話などのストーリーが透けてくると、人はより共感し、愛着を強く持つようになる。体温が感じられれば感じられるほど、ファンは喜ぶし、ファンも増えます。

ファンの愛着をより高めるという点で、セガさんなどが行っているオフ会も効果的ですね。少人数のファンを招き、社員が手づくりでおもてなしをしています。効果は３つありますね。１つ目は、社内の人と接し、来た人がより強固なファンになること。２つ目が、来る人はコアファンであり、傾聴することでファンが何を求めているのかツボが分かることです。これがファンベース施策に生かせます。３つ目は、取り組みを通じて「この企業はファンを大切にしてくれるんだ」ということがファンの間で広まること。キャンペーンやイベントの効果を人数の多寡でしか測れない人は、小規模なファンミーティングなどをないがしろにしがちですが、長い目で見ればメリットは計り知れません。

企業がファンに愛されるために 6人の「中の人」が大切にしていること

最終パートは、「中の人」6人＋企業と消費者のコミュニケーションに詳しい佐藤尚之（さとなお）氏の特別座談会。6人がなぜファンに愛されるのかをひも解くと、企業ファンを育てるための秘策が分かった！

「中の人」
&さとなお氏
オンライン
特別座談会

さとなお

セガ

東急ハンズ

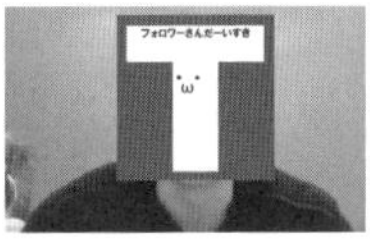
タカラトミー

井村屋

タニタ

キングジム

単なる拡散目的ではなく、フォロワーとコミュニケーションを取ることで絆をつくってきた皆さん。今のスタイルをどうつくり上げてきたのでしょうか。

東急ハンズ

公式Ｔｗｉｔｔｅｒの目的は、当初から変わらずブランディングです。「新商品が出ました」といったコマーシャルなどには使わず、お客様とコミュニケーションを取りながら、お客様にとって東急ハンズのプライオリティーを上げていただくことを主眼としています。皆さんはいかがですか。

タニタ

タニタというと、健康というイメージがあると思うんですけど、商品を買っていただけるお客様の層は40代以降の中高年以上の方が多いんですね。一定の年齢になると健康には自然と興味が湧くもの。そうした弊社にとってのメインストリームの層は通常の広報の部隊がいるので、商品のＰＲはそちらに任せておこうと。逆に公式アカウントでは、若い方との接点をつくるのが第一義です。明確な目標設定があってそれを目指せというような上からの指示も特にないので、今後もこのスタンスで続けていくのかなと。

セガ

総合的なエンターテインメントコンテンツの会社なので、それぞれの商品やサービスの一つ一つにファンがいます。ＳＮＳを始める２０１２年以前は、例えばゲームならコアな情報をゲーム雑誌に届けることが多かったんです。でも、もう少し分かりやすい言葉で、一般のお客様に広げていこうと、ＳＮＳがスタートしました。位置付けとしては、セガのコンシェルジュのような立場で、商品やサービスを笑顔で案内する人なのかなと思っています。

井村屋

実は、「Ｔｗｉｔｔｅｒをやらなきゃダメだ！」と提案したのは、私なんです。トップに掛け合ったときに、「Ｔｗｉｔｔｅｒで商品は売れません！」と言い切ったので、今も売り上げについてトップから何も言われません。企業のコミュニケーションアカウントというスタンスです。

キングジム

公式Ｔｗｉｔｔｅｒの立ち上げは10年なので、11年目を迎えます。その頃から、顧客接点の場という位置付けは変わっていません。扱っている商品が事務用品ということから、世間からどちらかというと「堅い」「とっつきにくい」というイメージを持たれがちなので、Ｔｗｉｔｔｅｒで柔らかいコミュニケーションを取ることで、友人や知人のような関係性ができればなと。そして、最終的にキングジムのファンになっていただき、売り上げにつながればということを目標にしています。ただ、Ｔｗｉｔｔｅｒからどれだけの売り上げに結びついているかを会社から追求されるわけではありません。

タカラトミー

私がいるのは、メディア戦略部の中でマスメディアやＳＮＳを活用する部門。近年デジタルマーケティングに力を入れる中で、ＹｏｕＴｕｂｅなどの媒体も担当し、公式Ｔｗｉｔｔｅｒもその一つとして、最終的に物が売れるということを目指してはきました。ですが、売り上げへの貢献度を厳しく会社から求められることはありません。今、フォロワー数が30万人を超え、社内的にも自社メディアのような使われ方をされるようになっています。

「自分が一ファン」としてフォロワーとの結びつきを強化

さとなお

僕はこれまで30年以上「広告」という露出量勝負の世界にいましたが、今では悔い改め、ファンベース（２４７ページ参照）という考え方でやっています。特にこれから長い不況期に入ると思うのですが、不況のときにこそ大切にすべきは、今の売り上げの8割を支えている2割の強いファンなんです。特にここにいる皆さんは、ＳＮＳを通じてコミュニケーションを取り続け、既にファンである方々を強固につなぎ留めている。ファンとの結びつきをより強固にするため、どのような距離感で接しているのか知りたいです。

東急ハンズ

始めた当初は、「会社の看板を背負って情報発信するぞ！」と肩に力が入っていました。でも、それでは鳴かず飛ばず。そこで、途中からうまく活用している他企業のアカウントを研究すると、コミュニケーションを大切にしているなと気付きました。そこからは、ハンズファンの一人という立ち位置で、たまに俺は社員の一人だったんだと気付くくらいの感じでいます。

タカラトミー

僕自身も、一ファンという意味では、東急ハンズさんと近いと思います。やはりタカラトミーの商品がもともと大好きで、おもちゃで遊んできた人間。僕が子供の頃に遊んでいたベイブレードなど、素晴らしいものを届けたいという気持ちが強いです。一番のファンとして、1人でも多くの仲間を増やすと楽しい社会が広がるかなと思って取り組んでいます。

井村屋

ファンという点では私もそうですね。私は、井村屋は必ずしも生活に必要な商品ではなく、嗜好品を扱っていると思っているんですよね。極端に言えば、買わなくてもいいものを扱っていると。でも、井村屋に期待してくださる方

ひとこと

「中の人」であると同時に、商品の一ファンとして、ファンの方の反応は勉強になっています！

がいるのも事実ですし、私の場合は商品の設計から関わっていますので、どの商品にも愛情を持って世の中に出しているんです。

セガ

私自身もセガのファンです。ですが、商品が多岐にわたっているので、特定の商品だけに過剰な思い入れを持って伝えないようにと、気を付けています。セガには、単に製品やサービスを売るのではなく、その先にある熱狂や感動体験を提供するというミッションがあるので、創業以来の精神のようなものを一ファンとして大切に伝えていけたらと思っています。

タニタ

現在はそれほど健康に関心がない若い世代にタニタってどんな企業か知ってもらうために、「ものづくりをしている人たちはどんな人？」という人間の部分を知ってもらえたらなという思いで発信しています。例えば、私がタニタの1人として、何を日々感じて、社長とどういったコミュニケーションを取っているか。社長は何が好きなのか。人間味を通して、親近感を持ってもらうことがテーマだと思っているんです。

キングジム

「知り合い以上、友達未満」くらいの関係性でいることが、立ち上げ当初からの運用スタンスです。10年前は、一般のユーザーが企業に問い合わせをしようとすると、CS部やお客様相談室くらいしか窓口がなかったと思うんですね。ただ、今はSNSが普及して、気軽に企業で働く一社員に話しかける環境が整ったのは大きな変化です。いつでも気軽に話しかけられる存在でいたいと思っています。また、会社と自分とを足して割ったような感じの、「アカウントの人格」を意識しているのですが、皆さんは「人格」についてはどんなふうに考えていますか。

どこまで「個」を出すのが「中の人」の正解か

タカラトミー やっぱり、タカラトミーのおもちゃが大好きな、一ファンだと思ってもらいたいですね。商品を紹介したときにも、この人本当に好きだから商品について熱い思いを持っているんだなと思ってもらえたら、心とか耳を傾けてくれると思うので。

セガ 私はあまり、人格をこうしようとかは考えたことがないんですけど。京都の人に京都のおみやげを渡してしまうなど、身近な失敗も投稿しているので、フォロワーさんからはドジっ子みたいに思われているかもしれないですね（笑）。ただやはり、会社のイメージと同様に、何事にも一生懸命で「創造は生命」の名の下に、時には突っ走ってしまったり、無謀なチャレンジをしたり、何か面白そうなことをやってくれる存在として見られていればいいなと。

井村屋　１４０文字の中で、それぞれの人格って、なんとなく伝わってしまうものなのかなとは思いますね。だから、無理やり自分の素の人格を変えたり、つくろうとしたりせず、誠実なまま活動しています（笑）。

タニタ　私も無理に自分のキャラをつくろうとは思っていませんね。自分が思っていることを率直に伝え、それで集まってきてもらえるという感覚に近いです。

東急ハンズ　同感です。ただ、皆さんと違うのは、うちが小売り業態ということですね。ＳＮＳでフォロワーさんとコミュニケーションを取るわけですが、店頭では日々うちの従業員がお客様とじかに会話をしているんです。だから、ＳＮＳのコミュニケーションと店頭での接客に乖離（かいり）があってはいけない。店頭で丁寧な接客を受けて東急ハンズを信頼してくださっているお客様の期待をＳＮＳで裏切らないということは、念頭に置いていますね。

どんな時でも、ファンの方々の予想の上を行くことが「セガらしさ」だと思っています

ひとこと

ウソのない誠実な対応で、ファンの心をつかむ

さとなお　皆さんに共通するのは、ファンの方をちゃんと見て、常に理解しようとしていることだと思います。ファンベースの視点では、企業の真のファンになってもらうには、「共感」「愛着」「信頼」が重要になると考えていますが、SNSは中でも、特に愛着を持ってもらうために有効な方法だと考えています。どんな商品、サービスでもそうですが、たくさんの種類があったら、お客さんがそこからどれか一つを選ぶときに愛着が影響します。愛着を長い視点でつくっていらっしゃる皆さんの努力は、得難い資産だと思います。フォロワーさんとのやり取りの中で、気を付けておられることってあるんですか？

T タカラトミー　やっぱり、毎日のコミュニケーションの積み重ねですかね。リプライや返信に対してコメントを欠かさないとか。特に、「商品を買いましたよ」「イベントに行きました」「キャンペーンに応募しました」など、実際にアクションを起こしてくださった方への感謝の気持ちは忘れずに、お礼の気持ちを伝えま

ひとこと
リアル店舗での接客とSNSでのコミュニケーションは同じ。接しているのは人と人です

す。一生懸命であるとか、誠実であるとか、ウソをつかないとか、素直な姿勢を貫くとか、そうした日々の積み重ねでいい関係が築けていると思います。

キングジム
リプライは毎日届くので、それをチェックすることでどんな需要があるのか、ファンの方がキングジムの何に興味があるのか、といったことが肌感で分かってくるようになります。生活者の興味を蓄積していくことで、自分と生活者の感覚のずれを埋めていこうと意識しています。

さとなお
まさに、そういうことだと思います。ファンの喜ぶツボを知らないでツイートするのって難しいと思うんです。なので、順序としては、まず会社のファンってどういう人で、ウケるツボはどういうことかを知ろうとすることが重要だと思いますね。

セガ
さとなおさんのファンベースの著書を参考にしながら、ファンの方々と交流をするファンミーティングを2回行ったのですが、ファンの熱量を知ることができたのは大きかったですね。「自分の好きな会社の社員が本当に仲が良く、会社に誇りを持っていることが分かってよかった」「一生セガを応援する」といった熱いコメントもいただけました。私たちがフォロワーさんを知らないといけないと思っているのと同様に、フォロワーの方々は本当に私たち「中の人」のことをよく見てくださっているなって感じるんです。だからまず、じかにお会いするときもそうですが、Twitter上でも誠実さやおもてなしをしようという気持ちを持ち続けていることが大事だなと思います。

タニタ 好きになってもらおうというのもあるのですが、こちらから好きになろうという気持ちも大事なのかなと。人と人とがつながっているわけですから、Twitterでもリアルでも、同じように接することを大切にしています。

井村屋 私は、ファンというふうに一言で言ってしまうのは、難しいものがあると思っていまして。井村屋の商品の中でも小豆だけが好きな人や、メロンボールのような駄菓子系のアイスだけが好きという方がいらっしゃれば、属人的な意味の「中の人」が好きだという方もいらっしゃいます。全員に愛着を持ってもらうのは公式Twitterの世界では難しいとは思っています。しかし一方で、その人たちが離れないようにする努力は必要だとは思いますね。

さとなお そこは、難しいところですよね。例えば、海が好きな人と山が好きな人とでは傾向が違うじゃないですか。海が好きな人に好かれたいなら、そのための

ひとこと

好きだから知りたいと思うし、知ってもらえたらうれしい。それくらいシンプルなスタンスです

アプローチがあるわけで。例えば、あるファンの方からすごく真面目な会社だと思われていて、誠実さや堅さが好きというのがツボだったとして、ちょっと砕けたり、カジュアルな面を感じたりすると、失望されてしまうかもしれない。だから、信頼のありどころも好きになられる場所も、本当は相手のことをきちんと見ないと分からないはずなんです。ＳＮＳって、向こう側に大衆がいると思われがちですが、それはテレビや新聞などのマスメディアの話であって、ＳＮＳは全体にはふわっとはしているものの、ファン一人一人の輪郭は見えてくるものかなと。そうであれば、まず相手のことを知らないと、好きになってもらう方法も分からないんじゃないかなというのが私の考えです。

東急ハンズ

まさにそうだと思います。東急ハンズの文化に「売らんかなの商売はしない」というのがあって、入社するとまず押し付けない売り方を徹底的に仕込まれるんですね。商品を買ってくれなくてもいいから、お客さんの問題を最適に解決しろと。うちのファンの方って、その接客スタイルが好きで来ている方が多いと思うんです。それでＴｗｉｔｔｅｒの向こう側のファンの方も同じだと肌感覚で伝わってくるので、商品をほとんどアピールしないんです。タニタさんがおっしゃっていたのと同じで、それは宣伝部にやらせておけばい い。逆に、私が「今日、雨ですね」とツイートすると、フォロワーさんから「ハンズさん、そこで傘紹介しないと」と言ってもらえる関係性がすごくありがたいんですよ。

タカラトミー

フォロワーさんから助けられることってありますよね。弊社では月末に商品解禁のタイミングがあるのですが、1年ほど前に１３０ぐらいの新商品が一気に出る機会があったんです。すべての商品を1日で投稿しようとすれば、それこそ5分に1回ぐらいツイートしないと間に合わない。「解禁する商品が多くてつらい。もしよければ、ハッシュタグを付けて協力してください」と投稿すると、フォロワーさんがわざわざ弊社の通販サイトに商品を見に行って、その商品に合った投稿をしてくれるという、非常に心に残る現象がありました。その件数も数百件と多くて、ファンの方がタカラトミーのために動いてくれるんだというのは、新しい発見でもありました。

セガ

設立記念日に「セガの誕生日に思い出を語るよ」というようなハッシュタグがあったりすると、長時間Ｔｗｉｔｔｅｒのトレンドに上がっていたりするこ

ひとこと

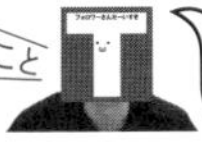

「130の新商品解禁」の際には、ここまでファンの方々が助けてくれるのかと驚きました

ともありがたいです。中には、「自分が小学生の時に、セガのゲームをやっていると言ったらクラスメートにバカにされた」とお客様相談室に訴えたら、「将来、君がバカにされないゲームを作ります」と言ってくれた、というような私の知らないエピソードもあって。そういうときにその人の意見をリツイートすることで、生の声を社内外に共有できるのはうれしいんです。

東急ハンズ うれしいといえば、広報も把握していないようなネットニュースをフォロワーさんから教えていただいたりすることもありますね。

井村屋 地方のテレビ局で広報部署を介さずに商品が紹介されていたりすると、フォロワーさんが教えてくださることも。あと、バズるという表現が正しいのかは分かりませんが、関市の鍛冶屋さんの映像を使って「あずきバーの秘密」みたいな投稿をしてくれた方がいたんですね。エゴサーチで見つけて、引用リツイートで「社外秘が漏れてしまった」と返したら、フォロワーさんが一気に増えたことがありました。あずきバーが固いというのをフォロワーさんが意識しているというのは、すごくありがたかったです。以来、困ったらあずきバーを出せばなんとかなる。鉄板ネタになっています（笑）。

ファンとのプロレスで親密感を醸成

東急ハンズ 弊社のロゴが、フォロワーさんから手羽先だと呼ばれていて鉄板ネタのようになっていますが、それは認めたことがないんです。あえて認めないのが、ロングランの秘訣になっています（笑）。今日も朝、青空の写真を投稿したら、突っ込まれましたが、ツッコミの余白は大事だと思います。

キングジム ツイートで間違ったりすると、リプ欄が大喜利化することもありますよね。それは長くやってきたからこそかなと。気軽に「なんでやねん！」みたいに突っ込める関係になってきたというのは、ファンの方を知ることでファンの方から声を掛けていただく機会が増えてきたからなのかなとは思います。

さとなお 「中の人」に絡んでくる方というのは、ある種、予定調和のプロレスに近いところありますよね。そういう近い距離感での掛け合いができるのは、自分に価値観が似ていると感じているからこその言動ですから、非常にいい関係を築けているのでしょうね。

ひとこと

いつしか「姉さん」と呼ばれるように。いつでも気軽に話しかけられる存在でいたいと思います

キングジム　鉄板ネタといえば、企業の公式アカ同士の会話もその一つですね。企業アカって、1社だとただの独り言になってしまって、成り立たせるのが難しいことがあるんです。そんなとき、ここにいる皆さんのような方々とコミュニケーションをすることで、ファンが入りやすくなるのかもしれません。ちょっと話し掛けづらいと思っていても、クラスでセガとタニタ、キングジムがみんなでガチャガチャしていたら、ここに自分も入っていいかなと。そういった雰囲気がつくれるのは、1社ではできないことだと思います。5年ほど前から、「井村屋さんを呼び出してくれ」（詳細は１５５ページ）と盛んに求められています。確かにすっかりマンネリのネタではあるのですが（笑）、そういうストーリーを定期的に見ると安心するような要素がＴｗｉｔｔｅｒにはあるんだと思います。

井村屋　私はそれを様式美って言ってます（笑）。

キングジム　コラボは企業同士のＷｉｎ－Ｗｉｎになるのが理想ですね。以前に、井村屋さんとコラボして、キャンペーンで「あずきバーキングファイル」を作ってプレゼントしたら3万件の応募があり、反響も大きかったです。ただ、だらだらと企業同士のコラボを引っ張っていると、内輪ネタと取られかねない。一見さんや通りすがりの方が見ても面白いと思ってもらえるような企画であるかどうかを考えています。

さとなお

いつも一人で投稿している「中の人」が、会話する相手がいることで違う面が見えたりする。それはファンを喜ばせます。相手の企業のファンになることもあるでしょうね。コラボの話もそうですが、一ファンとしての視点を大切にしたり、鉄板ネタを作ったりと、様々な方法で親近感や信頼感を得ておられますよね。私自身、ＳＮＳをＰＲのために使うとか、拡散のために使うのは間違っていると思っているのですが、皆さんはそれぞれの立ち位置は違えど、そこを実体験で理解し、とてもうまく生かしていると感じました。こうした感覚と日々の努力は、企業にとって得難い資産であり、今日の６人の方々以外も含めてそれを掴んでいる「中の人」は、生半可でリクルートできないプロフェッショナルだと思います。マジで申し上げるのですが、こういう感覚を日々磨き、コツコツとファンとの関係性を積み重ねてきた「中の人」の給料は、今の倍以上に上げるべきだと思います。

おわりに

本書の製作に際し、２０２０年3月に連載を終えるタイミングで座談会を予定していましたが、新型コロナウイルスの感染拡大で、リアルの座談会は断念。ウェブ会議ツール「Ｚｏｏｍ」を使ったオンライン座談会に切り替えました。各社Ｔｗｉｔｔｅｒアイコンをデザインしたプラカードを作成していたので、６社６人が一堂に会したところを撮影・掲載したかったのですが、実現できなかったのは何とも残念であります。

そんな想定外の事態に直面しても、６社はいつもの明るさを忘れず、それぞれの役割を果たしていました。

タカラトミーは、多くの学校が臨時休校に入った20年3月2日、「今、我ら大人の長年の叡智を見せつけるとき！」だとして、「小中高生もできる『#休校中におすすめの過ごし方』をツイートしませんか……？」と呼びかけ、約４０００本の映像を取りそろえている自社のＹｏｕＴｕｂｅチャンネルを紹介。このハッシュタグには多数のアイデアが寄せられました。

セガもこのハッシュタグを付けて、「甲虫王者ムシキング」「オシャレ魔女 ラブ ａｎｄ ベリー」や、ゲーム機の筐体などをかたどったペーパークラフトのダウンロードページを案内し、プリンターがない世帯もコンビニのネットプリントで利用できるようにしていました。また、ウェブミーティング用のバーチャル背景も用意。特に「龍が如く」シリーズが人気で、井村屋の「中の人」も社内会議に使っていたようです。井村屋も負けじと、「あずきバー」やようかん、アイスが写っているシズル感たっぷりのバーチャル背景を配信していました。

キングジムは、「密集回避」「換気」「咳エチケット」など、パソコン接続可能な「テプラ」で作成できる８種類のイラスト入りラベルデザインを提供。タニタは、外出自粛で多くの人が運動不足になっていることから、「不要不急で暇な人は体重計に乗ってみよう」とツイート。体組成計・体脂肪計メーカーならではの警鐘がフォロワーには図星で、リツイート１６００件超、いいね４４００件超を集める人気ツイートになりました。

６社の中で最も新型コロナの影響が大きかったのが、実店舗を全国展開している東急ハンズです。ハンズ公式Ｔｗｉｔｔｅｒは毎朝10時、店舗開店の時間に合わせて「今日も全店元気に営業いたします」と、朝のあいさつをするのがルーティンになっています。ところが４月に入って多くの店舗が臨時休業になりました。それでも休むことなく、「ネットストアは今日も元気に営業中！」とツイートし続けています。大変つらい状況でしたが、４月23日には「東急ハンズが営業再開したら何を買いまくりますか?」とフォロワーに問いかけ、多くのリプライが集まりました。

有事に際して、「中の人」の底力とユーモアを見た思いです。本書を通じて、６社のアカウントが〝愛される理由〟を少しでも感じ取っていただけたのであれば幸いです。

日経クロストレンド　小林　直樹

自由すぎる
公式SNS「中の人」が明かす
企業ファンのつくり方

2020年6月15日　第1版第1刷発行
2021年6月14日　第1版第4刷発行

編　集	日経トレンディ、 日経クロストレンド（小林直樹、森岡大地）
発行者	杉本昭彦
発　行	日経BP
発　売	日経BPマーケティング 〒105-8308　東京都港区虎ノ門4-3-12 URL　https://www.nikkeibp.co.jp/books/
編集協力	宇治有美子
装　丁	小口翔平＋岩永香穂（tobufune）
制　作	關根和彦（QuomodoDESIGN）
印刷・製本	大日本印刷株式会社

本書の一部は「日経クロストレンド」掲載の内容を再編集、再構成したものです。

ISBN 978-4-296-10674-5
Printed in Japan